庄园

从《垦田永年私财法》到应仁之乱

[日] 伊藤俊一 著

褚以炜 译

长江出版传媒 崇文书局

SHOUEN: KONDENEINENSHIZAIHOU KARA OUNINNORAN MADE

BY Toshikazu ITO

Copyright ©2021 Toshikazu ITO

Original Japanese edition published by CHUOKORON-SHINSHA, INC.

All rights reserved.

Chinese (in Simplified character only) translation copyright ©2023 by Chongwen Publishing House Co., Ltd.

Chinese (in Simplified character only) translation rights arranged with CHUOKORON-SHINSHA, INC. through BARDON CHINESE CREATIVE AGENCY LIMITED, HONG KONG.

著作权合同登记图字：17-2023-087

审图号：GS（2023）2265 号

图书在版编目（CIP）数据

庄园：从《垦田永年私财法》到应仁之乱 / （日）伊藤俊一著；褚以炜译 . -- 武汉：崇文书局，2024.3

（崇文学术译丛 . 日本史经典）

ISBN 978-7-5403-7600-0

Ⅰ . ①庄… Ⅱ . ①伊… ②褚… Ⅲ . ①庄园制度－研究－日本 Ⅳ . ① F331.39

中国国家版本馆 CIP 数据核字 (2024) 第 045159 号

出 版 人：韩　敏
责任编辑：鲁兴刚
责任校对：董　颖
装帧设计：彭振威设计事务所
责任印制：李佳超

庄园：从《垦田永年私财法》到应仁之乱
ZHUANGYUAN CONG KENTIAN YONGNIAN SICAI FA DAO YINGREN ZHI LUAN

出版发行：长江出版传媒｜崇文书局
地　　址：武汉市雄楚大街 268 号 C 座 11 层
电　　话：（027）87677133　　邮政编码：430070
印　　刷：湖北新华印务有限公司
开　　本：880mm×1230mm　1/32
印　　张：8.25
字　　数：170 千
版　　次：2024 年 3 月第 1 版
印　　次：2024 年 3 月第 1 次印刷
定　　价：84.00 元

日本古代令制国示意图

東山道	近江	滋賀県
	美浓	岐阜県
	飞騨	
	信浓	长野県
	上野	群马県
	下野	栃木県
	出羽	秋田県、山形県
	陆奥	青森県、岩手県、宫城県、福岛県、秋田県一部
北陸道	若狭	福井県
	越前	
	加贺	石川県
	能登	
	越中	富山県
	越后	新潟県
	佐渡	

東海道	志摩	三重県
	伊势	
	伊贺	
	尾张	爱知県
	三河	
	远江	静冈県
	骏河	
	伊豆	
	甲斐	山梨県
	相模	神奈川県
	武藏	东京都、埼玉県、神奈川県一部
	安房	千叶県
	下总	千叶県、东京都、茨城県、埼玉県各一部
	常陆	茨城県

山陽道	周防	山口県
	长门	
	安芸	广岛県
	备后	
	备中	冈山県
	美作	
	播磨	兵库県
	备前	冈山県、香川県一部
山陰道	石见	岛根県
	出云	
	隐岐	
	伯耆	鸟取県
	因幡	
	丹后	京都府
	但马	兵库県
	丹波	京都府、兵库県、大阪府各一部
畿内	摄津	大阪府、兵库県一部
	河内	大阪府
	和泉	
	大和	奈良県
	山城	京都府

西海道	筑前	福冈県
	丰前	福冈県、大分県一部
	丰后	大分県
	日向	宫崎県
	大隅	鹿儿岛県
	萨摩	
	肥后	熊本県
	肥前	佐贺県、长崎県
	壹岐	长崎県
	对马	
南海道	伊予	爱媛県
	土佐	高知県
	阿波	德岛県
	赞岐	香川県
	淡路	兵库県
	纪伊	和歌山県

前言

　　庄园的"庄"指建筑物、"园"指土地，庄园即私有农庄。日本的庄园始于奈良时代逸出律令制之公地公民原则、获得土地私有认可的初期庄园，平安时代中期以后出现了免田型庄园，即以朝廷、国司裁量而减免租税的贵族、寺社私有地。平安时代末期，一面担任地方政府之僚吏，一面承包大规模农地开发的在地领主成长起来，与上皇掌握专制权力的院政结合，于是获享领域内全部支配权的领域型庄园诞生，庄园成为日本中世社会的根干制度。

　　领域型庄园获得了不向地方政府缴税（不输），以及拒绝上级部门使臣入内（不入）的特权，成为不受外部干涉的独立小世界。在担任庄官的在地领主管理之下，庄园因地制宜地开展生产活动。庄园中形成了以天皇家、摄关家等本家为顶点，其下有贵族、寺社等都市领主担任的领家，在地领主担任的庄官这一多重支配体系，缴纳给领家、本家的年贡和公事物大量输往京都。

由此形成了一个非常奇妙的体制：这些独立的小世界是彻底的地方分权，但又各自与中央直接相连。

我们出生在中央集权式的现代国家，所以视庄园为土地制度的怪胎，是贵族、寺社为一己之私而圈占国家土地、扰乱国家秩序之物。但是庄园能够不受政府官僚干涉而自由经营，并把成果传给子孙后代，从而促进了农地开发、农业经营的发展。庄园可以自由选择输送年贡、公事物的方式，于是从中国输入的铜钱渗入日本社会，镰仓时代后期日本正式进入了货币经济时代。如果庄园没有扩张，日本的货币经济化应该会更晚。

不论怎么说，从 734 年发布的《垦田永年私财法》来算，日本的庄园持续了约 750 年，从 12 世纪领域型庄园确立来算，庄园也有 400 年历史。不管它是怪胎还是什么，日本社会分裂为几千个自律性细胞，而这些细胞通过主从制关系、契约而松散结合的漫长历史是俨然的事实。这对现代日本社会的面貌应该也有一定影响。

有关庄园的研究文献，已有十卷本的丛书《讲座日本庄园史》（吉川弘文馆），概论类著作也有永原庆二的名著《庄园》（吉川弘文馆）等。笔者仍选择画蛇添足，则出于以下理由：

20 世纪 50 年代至 70 年代，日本庄园的研究兴盛一时。

战后日本的历史学受到马克思主义的强烈影响，经济基础（社会经济结构）决定上层建筑（法律、政治、意识形态等）的唯物史观占据主流，相当于日本古代至中世社会经济基础的庄园得到了细致的研究。

20 世纪 80 年代以降，以往薄弱的制度史、政治史、社会史等研究盛行起来，庄园研究不免相对衰退。庄园研究全盛期至今已过几十年，接近这一领域长期积累的研究成果逐渐困难。许多研究者发表了诸种观点，把握庄园的整体形象也并非易事。本书意在将已被阐明的庄园历史进行精练重组，重建引导读者进入庄园世界的大门。

20 世纪 70 年代为止的庄园研究并非全无问题。主张阶级斗争推动社会进步的马克思主义史学，将在地领主这一武士阶层视作革命势力，描绘了他们侵占贵族、寺社所有的庄园而形成封建制社会的历史图景；按照马克思主义史学的发展阶段论，中世纪应是农奴制社会，因此研究者在日本中世时代寻找被束缚在土地上的西欧式农奴；镰仓幕府建立的以土地为纽带的主从关系类似于西欧封建制，因此也有研究者以西欧史的框架来理解日本庄园史。

但是，这种理解有异于实际情况。在地领主在 12 世纪领域型庄园成立时作为庄官支撑着庄园，而到 15 世纪的室町时代庄园也未曾消亡。如此一来，在地领主的革命就整整持续了 400 年。另外，日本庄园里的百姓有移动自由，没有自由的下人所占比例并不大。日本的庄园领主大半居住在京都，年贡长期由地方送来，但这种情况在西欧并不多见。这种设想与实际情况的背离，随研究的进展而越发明确，因近年的研究而更被学界强烈意识到。本书意在汲取近年来的研究成果，脱离过去的教条，根据日本的实情来描绘庄园的历史。

另外，最近古气候学的发展也赋予庄园研究新的意义。作为应对全球变暖研究的一环，针对历史上气温变动的研究有所进展，降水量的变动也以年为单位。这样复原出来的气候变动与庄园的历史恰好对应。当然，两者之间的关系并不是线性的，但我们或许可以在自然环境与人类社会的相互作用下描述庄园的历史。这个方面的研究刚刚起步，此时提及或许略有超前之感，但本书也想对此做一点自己的考察。

另外，关于文中列举的庄园，大体以括注表示今日所在地。年代原则上以公元纪年表示，括注年号（该年改元则采用改元后的年号）[1]。历法使用当时的阴阳历，在涉及饥馑、洪水等叙述时则换算为公历，以方便读者建立印象。

1　中文版为保证丛书格式统一，改作年号后括注公元年份的方式。——编注

目　录

第一章

律令制与初期庄园

1　律令制的土地制度和税制

公地公民与班田制

隋统一南北朝（589）、唐朝开国（618），巨大统一帝国的重生给东亚国际秩序带来了紧张感，也迫使日本强化国力。于是，日本引进了中国的中央集权式统治结构，制定了以唐朝律令（律为刑法、令为行政法）为基础并考虑日本情况的律令。根据律令来运转的国家称作"律令国家"，这一制度就叫作"律令制"。

日本的庄园是在律令制的改革、变化中诞生的，所以我们先来掌握一下构成其前提的律令制。律令制以土地、人民的国有即"公地公民"为原则。其目的是国家平等地分给农民田地，保障其生活，并在此基础上根据性别、年龄课役。

把田地分给农民称作"班田"，6岁（虚岁，以下皆同）以上男子可得2反（1反约12亩[1]），女子得男子2/3的1反120步（1反为360步），私奴得男子1/3的240步，私婢得160步。这些田被称为"口分田"，可终身持有但不许买卖，死后必须归还国家。

当时的农民组建20~30人的大家族生活，律令国家将其作为"户"来掌控。口分田以各人额度加总后班赐给户。为了完成这一工作而制作的台账就是户籍，其中记录各户内成员的姓名、性别、年龄、血缘关系、身份，并计算出应班给该户的口分田的合计面积。户籍每隔6年重新编制，去世者的口分田会被收公，6岁以上的小孩新获土地。这一工作被称为"班田收授"。

为了分配口分田，就有必要确定田地的位置，故此政府实施了将田地按棋盘状划分并附地址的条里制。条里制的基本单位是面积为1町（边长约109米的正方形，约1.2公顷）的坪，1坪十等分为1反，作为耕地区划。纵横各6坪计36坪的区域称作"里"（图1），其南北方向称作"条"，东西方向也称为"里"。在地方行政单位郡之下，这些条里被标上序号，确定是××郡○条○里○坪，便可知田地位置所在。

1　公亩。1公亩为100平方米。——编注

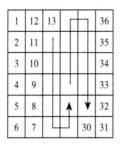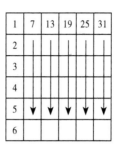

图 1　条里制示意图　左侧为千鸟式，右侧为并列式

律令制的税制

　　在律令制中，朝廷按照户籍掌握的人口性别、年龄课征调、庸、杂徭等人头税。调是交纳给中央政府的绢丝、绢布、麻布等纤维制品，以及各地出产的木材、农具、海产品等特产；庸交纳的是米、布，以负担在京都从事劳役者的津贴。这些都需要民众自带干粮，将实物运至都城。民众还要应国司之命，每年完成不超过 60 日的劳役以整修道路、河川及建造官衙，此即杂徭。此外，成年男子三四人中要有一人（大抵一户一人）前往地方军团，或者前往负责卫戍都城的卫府、防备对外战争的九州大宰府、位于征讨虾夷前线的东北镇守府等服兵役。

　　作为征收这些人头税的台账，朝廷每年都制作"计帐"。计帐中罗列各户家族的姓名、身份、性别、年龄甚至身体特征，算出该户负担的人头税总额。

　　以田地课征的地税则有租。每一反田须缴纳相当于收成

3%~10% 的 2 束 2 把稻穗（1 把即一握稻穗，10 把为 1 束）。这些稻子收入地方政府仓库作为储备米，也会成为出举的原始资本。出举是农民在稻子播种的二三月以及插秧的五月贷出稻种、米谷，秋天则以 50% 的利息（利稻）返还。这本来是援助农民的制度，但地方政府在非必要情况下也强制贷给农民稻种，以其收益作为主要财源。

另外，口分田班完后的剩余田地叫作"乘田"，会租给有意愿的农民耕种，由地方行政机关国衙征取收成 20%~30% 的地子（田地的租赁费）。这叫作"赁租"，后述的初期庄园就依此获得收入。

律令国家的机构与俸禄

律令国家的机构层面，在天皇之下置有最高决策机构太政官。太政官以太政大臣（非常设职位）为顶点，并由左右大臣、大纳言、中纳言、参议等官员构成。其下有作为执行机构的八省，以卿为长官；作为地方行政机构的 66 个国等。在这些机构任职的官员被授予起自少初位下，终至正一位的三十位阶之一，各人根据位阶高低就任官职，根据位阶与官职（合称"官位"）来获得俸禄。

俸禄由根据位阶的位封、位禄，与根据官职的职封、职田构成。封是指定户数交纳的调庸物，禄是绢织品、麻布等。《养老令》规定，位封从正一位的 300 户到从三位的 100 户为止，职封从太政大臣的 3000 户、左右大臣的 2000 户等递减，位田从正一位的 80 町到从五位的 8 町为止，职田从太政大臣的 40 町、左右大臣的 30 町至大纳言的 20 町。四到五位的官人则获得位禄。

位阶的俸禄与官职的俸禄合并，则官人身份差异导致的薪俸差别极其巨大。五位以上的高级官僚，即贵族，与六位以下的地下官僚在待遇上也差别很大，贵族之中被称为公卿的三位以上高级贵族与四位、五位贵族（大夫）也有很大差距。

中国从隋代开始就以科举这一选拔考试录用官员，但日本没有采纳科举制度，高级官僚由构成过去大和政权中枢的近畿地方豪族与皇族垄断。五位以上的官僚可以适用优待子孙官位铨叙的荫位制度，高级官僚的子孙可以世代继承贵族之家。

近畿地区的豪族与皇族，曾经在日本各地拥有称为"部曲"的贡纳民与称作"田庄"的田地，从那里获得贡物。律令制的采用导致他们的财产被国有化，位封、位田成为只限一代的恩给。但是贵族所获位封、位田、职封、职田等俸禄之中，也有国有化之前豪族所有的贡纳民、田地。例如奈良时代初期皇族出身的左大臣长屋王，就拥有从其父高市皇子（天武天皇侧近）处继承下来的广阔田产，由长屋王家派下吏经营。这种被律令制囊括在内的皇族、贵族大土地所有被称为"古代庄园"。后述美浓国大井庄，就是圣武天皇将持有的王领捐赠给东大寺后成为庄园的例子。

日本的律令制也重视祭祀，在负责行政工作的太政官之外另设司掌祭祀的神祇官。神社、寺院在经济上也得到优待，神社有社田，寺院有寺田，皆是免租田地。

郡司支配农村

律令国家的地方行政机构是国，有四个等级的官员（四等官）负责，长官曰守，次官曰介，其下有掾、主典（由亲王担任守的常陆、上总、上野三国，以介为长官），他们总称作"国司"。国司由中央政府官员担任，每四年轮替。国的政厅叫作"国衙"，其所在地称为"国府"。

每一国分3~15个郡，由郡司担任行政官。郡司与国司不同，是从地方豪族中选任，任期终身且地位世袭。

郡司辈出的家族，是律令制实施以前被称为"国造""县主"、埋葬在古坟里的地方豪族后裔。他们因律令制的引入而转为郡司这一官吏，但和治下的农民间的关系却没多大变化。律令国家利用郡司这些地方豪族的权威与财富，安排他们在国司监督下担任地方行政的执行者。

郡司与中央政府的官员之间有严格的身份差别。郡司适用的位阶称作"外位"，与中央政府官员的位阶分立，最高为五位，因而被堵上了担任中央官人的发迹之途。

不过郡司一族的优秀人士在都城的大学（官吏培养机构）

毕业以后，也可担任中央官员。比如真言宗的开宗祖师空海，出家之前叫佐伯真鱼，出身于世袭赞岐国多度郡郡司的佐伯氏。他在 15 岁前往平城京，就学于舅舅阿刀大足之下，18 岁入大学以期获取官职。但不到两年，空海就退学，出家进入山岳修行。若他不曾出家为僧，大概会在年轻时候在都城做官，待父母年迈后回乡继承郡司之职。

日本律令制存在的问题

日本律令制是仿效唐朝律令的产物，其根源据说可以追溯到中国南北朝时期游牧民族鲜卑族在华北建立的北魏王朝所实行的均田制。均田制的目的是朝廷收归豪族所有的田地，将其平等分配给农民，并从均质化的农民中征发优质士兵。将豪族的土地、人民收归国有而削弱其力量，也有助于将财富、权力集中到国家手中。

但是这个旨在平均财富、集中权力的体制也有短处。就像过去苏联模式社会主义没落一样，将垦田私有当作产生贫富差的元凶予以否定，就导致人们缺乏开垦新农地的动力。

日本的令中规定重新开发荒田后可获得耕作权，但这些开发地与口分田一样，在耕作者死后收公，不能传给子孙。实际上，日本参照的唐令中有承认垦田私有的规定，唐朝成年男子可拥有不超过百亩（约 6 公顷）的土地，其中从国家那里获得的口分田约占一半，剩余的可以是自己开垦的农地。这部分被称为"永业田",可传给子孙。日本令无此规定,口分田只按最初规定好的面积班给。

另外,唐朝还有根据官员品位而认可农地私有的官人永业田制度,官员斥私人资财开垦的农地可以传之后代。与之相对,日本令中允许世代世袭的只有赐给功勋卓著官员的大功田。

我们不知道日本在引入律令制时为何没有采纳唐朝的永业田制度。想象一下当时的情况,也许朝廷觉得在强行将豪族的私有土地收归国有时,设置永业田制度难免会留下后门。

另外中国的"田"指水田及旱地("畑"字是指火烧后形成的耕地,本书日文使用"畠"字[1]),但日本班田收授的对象只是水田。要开发水田,就必须将土地修平整并引水灌溉,比开垦旱地费功夫,且选择受限。也许诞生于中国华北旱作地带的均田制很难适用于以水田稻作为中心的日本。

2 《三世一身法》与《垦田永年私财法》

百万町步开垦计划

从 7 世纪后半叶到 8 世纪初,日本朝廷大规模地开垦耕地并平等分配农地,人口得以增加。但是国家推行的耕地开发

1　如无特别说明,后文中的"田""田地"皆指水田。——编注

到达极限后，由于日本律令制在促进新农地开发方面存在结构性弱点，朝廷就面临口分田不足以支撑增长后人口的问题。

于是，皇族出身的长屋王政权，在养老六年（722）发布了百万町步开垦计划（町步是以町为面积单位时的术语，等同于町）。该计划命令国司、郡司为农民提供农具、口粮，命农民实行为期十天的开垦作业，同时规定开垦荒地能得到3000石以上粮食收获者可获勋六等等奖赏，以开拓良田百万町。

但是良田百万町这一数额，远远超过了平安时代初期日本全国耕地面积的86万町（《倭名类聚抄》）。即便"百万町"只是修饰说法，10天劳役又能够开垦多少土地呢？用勋位、位阶能够起到激励作用么？稍微想一下也可知这是个不切实际的计划。但这种计划得以实施本身，就显示了当时的政权认识到口分田不足，积极讲求对策。

《三世一身法》与行基

百万町步开垦计划立即中途而废，第二年的养老七年（723），朝廷出台了一个现实性的奖励开垦政策，即《三世一身法》。该法令认可新设蓄水池、水渠而开垦出来的田地可归开发者三代（本人、子、孙或子、孙、曾孙）所有，修复已有水渠、蓄水池而开垦出来的田地可归开发者一代所有。这里虽有三代、一代这样的期限设定，但超出当初律令所定口分田的限制而拥有土地成为可能。

《三世一身法》给当时社会带来巨大冲击，各地的郡司、官吏、寺院和豪农都开始开垦新田。从向民众传播佛教的著名僧侣行基的活动，可窥见具体的境况。

行基生于河内国，691年在葛城山受戒，受在唐朝师从三藏法师玄奘后归国的道昭影响而传教。当时的佛教仅为镇护国家而设，僧尼不得出寺活动。养老元年（717），朝廷以行基与其弟子到处托钵化缘，惑乱人心为由，对其活动下达禁令。

不过行基不仅广传佛教教义，还仿效架设宇治桥的师父道昭，动员弟子、信众从事整修道路等社会事业，利益众生以获得支持者。成为他们活动据点的是近畿地区各地的院。《三世一身法》发布以后，桧尾池院（726年、神龟三年）、狭山池院（731年、天平三年）、隆池院（738年）、鹤田池院（737年）等带有"池""田"等名称的院被开辟出来。可见行基的社会事业中也有修筑蓄水池、开发农地等活动。

根据对狭山池的调查，此池616年前后开凿，堤高5.4米，底宽27米，长300米，行基等人重修后，堤加高了60厘米至6米。此狭山池与久米田池、鹤田池等历经1000多年，直到最近仍作为灌溉用水的水源。

试图依靠佛教摆脱混乱时势的圣武天皇，注意到了行基的传教、社会事业，于741年主动召见行基。结果行基协助天皇营造东大寺大佛的事业，之后被任命为大僧正。

日本各地的寺院多将行基尊为开山祖师，这些建寺传说中也有与田地开发相关的内容。根据神奈川县逗子市沼间地区的法胜寺的建寺传说，此地曾是岸边枯木参差的青翠大沼泽，有大蛇栖息。大蛇时常出没海滨，翻沉往来船只，喷射火毒，为害当地。天平年间（729—749）此地守护长尾左京大夫善应上奏百姓疾苦，于是行基亲赴当地，雕了一座十一面观音菩萨像，并浮舟沼上，诵读经文。大蛇归顺行基，发誓不再危害众人，因此行基将其徙往小池，予以教化。于是善应征集国内人夫砍伐枯木、填埋沼泽、修整河道、开辟土地，将此地命名为沼间里，并在上游建造善应寺，安置观音菩萨像，且将大蛇奉作诹访大明神祭祀。

通过对该地区的池子遗址群的发掘调查，可知此地聚落初现于 8 世纪中叶，时人利用谷地特有的丰富水资源，在各处挖掘许多沟渠以开发田地。此地也有佛堂遗址，也有为防止水害而举行的祭祀遗迹（依田亮一《神佛与山川薮泽的开发——镰仓郡沼滨乡》）。当然，在奈良时代不可能有什么"守护"，行基是否真去过当地也有疑问，但这一传说暗示以《三世一身法》为契机的土地开发与佛教向民间渗透并行。

天花流行与铸造大佛

积极改革律令制的长屋王，与律令起草者藤原不比等的四个儿子（武智麻吕、房前、宇合、麻吕）对立，天平元年（729）蒙受谋反嫌疑，被迫自尽（长屋王之变）。732 年，天下大旱，翌年饥馑袭来；735 年夏，被称作"豌豆疮"的天花传来，并以九州为中心爆发；737 年春，天花再次在九州爆发，此次扩散到日本全国，一直肆虐到秋季。

天花也平等地向平城京中的贵族袭来。737 年，藤原四子相继病死，四位以上的高官 33 人中病死 1/3。地方上也可见接近这个比例的死亡率，长门国、骏河国的推测死亡率为 30% 左右，和泉国、丰后国的则为 50% 左右。这是与 14 世纪中叶欧洲鼠疫匹敌的灾难，那时欧洲人口死亡 2/3—1/3。

结果政界出现混乱，天平十二年（740），藤原宇合之子藤原广嗣在大宰府掀起叛乱，惊慌的圣武天皇同年末宣布行幸关东，出平城京后巡游伊势、美浓、近江后，于 740 年十二月迁都至与平城京隔山的恭仁京。他与行基会谈就发生在这个时段。

为了平息相继发生的饥馑、瘟疫和叛乱带来的社会动荡，圣武天皇注意到了佛教。天平十三年（741），朝廷颁布《建立国分寺之诏》，命令诸国建造国分寺、国分尼寺；743 年十月，朝廷颁布《建造大佛之诏》，开始在紫香乐宫铸造巨大的金铜卢舍那佛。在这些旨在从灾厄中复兴的举动中，圣武天皇于同年五月颁布了《垦田永年私财法》，鼓励重新开发因人口减少而荒废的农地，以及开发新田，以期恢复国土生产力。

《垦田永年私财法》

《垦田永年私财法》的要点有四：一、《三世一身法》规定的垦田私有期限临近后，农民就失去耕作意欲，导致田地抛荒，因此今后承认垦田可作为私人财产，世代所有；二、有意开垦土地者向国司提出申请，若开垦场所会妨碍其他百姓则不予许可，经三年未能开垦则允许他人开垦；三、私有的垦田面积根据位阶而有限制，一位官员限 500 町、二位限 400 町、三位限 300 町、四位限 200 町、五位限 100 町、六位到八位限 50 町、初位到庶民为 10 町，郡司则限 30~10 町；四、国司开垦的土地到其任期结束后收公。

天平胜宝元年（749），圣武天皇的女儿孝谦天皇即位，发布了《寺院垦田许可令》，允许寺院拥有其开垦的田地。大安寺、药师寺、兴福寺等以 1000 町为上限，诸国国分寺的上限也是 1000 町，元兴寺是 2000 町，铸造大佛的东大寺则获得 4000 町的高额上限作为振兴佛教的财源。

通过这些法令，律令制下的田地被分成作为口分田分配的公田，以及私有地的垦田。只是垦田私有需要严格的手续，必须得到中央政府的太政官、民部省的认可。垦田和公田一样要缴租。在从灾厄中的复兴告一段落的天平神护元年（765），除部分情况外，朝廷禁止私自开垦土地，但已经开启的开垦潮流并不能停下。宝龟三年（772），该禁令被撤回，由位阶高低决定的私有垦田面积限制也被撤销了。

3　初期庄园

何谓初期庄园

《垦田永年私财法》发布后，各地由此新设的庄园叫作"初期庄园"。初期庄园是贵族、大寺院购买私人所有的垦田，或接受个人捐赠垦田，或投入私资开垦荒地而设立的。在地方设立、经营庄园，与该地郡司一族关涉密切。

初期庄园没有中世庄园所具有的划出支配领域的边界，在垦田及预垦地设有仓库兼管理事务所的庄所。出借给耕作农民的农具、稻种、农料（支给人夫的劳务费和食物）等物资都收纳在庄所里，由管理人员负责。初期庄园基本上没有专属的农民，而是由周围农民前来耕作，并收取两到三成收成作为赁租。对于当时的农民来说，庄园就是除掉自己的口分田以外的新增耕地，是临时打工的职场。

东大寺领的初期庄园

圣武天皇虽想在紫香乐宫铸造大佛，但最终放弃，于天平十九年（747）开始在平城京以东铸造大佛。此处就是东大寺，第二年朝廷设置了负责建寺的官衙"造东大寺司"。圣武天皇在天平感宝元年（749）让位给女儿孝谦天皇，后者发布了《寺院垦田许可令》，给予东大寺高达四千町的垦田私有限额。

东大寺利用这个额度，在各地设置初期庄园。749年，东大寺僧人平荣、造东大寺司官员生江臣东人，作为"野占使"被派至越前国，与越前国司的使臣及郡司一起选定庄园后备地。平荣还前往邻国越中国，接受了当时的越中国司、以《万叶集》编者而闻名的大伴家持的款待。天平胜宝八年（756），平荣又与国司、官吏一道完成了因幡国高庭庄、阿波国新岛庄的"野占"工作，东奔西走设立初期庄园。

具体来看一下东大寺领初期庄园。越前国坂井郡所属的桑原庄（今福井县芦原市）是东大寺在天平胜宝六年（754）用180贯钱购买大伴麻吕拥有的96町2反多的土地而建立的。购买时，上述土地中仅开垦了9町，东大寺又开垦出23町，使此庄园以32町的面积起步。

桑原庄的经营者是造东大寺司派到越前国府的安都雄足，该司派到庄园当地的专当田使曾祢乙麻吕，以及作为该司官吏完成野占使职责后回到故乡并成为足羽郡郡司的生江臣东人三人。生江臣东人负担设立庄园的初期费用，在最初的两年间捐赠了8000束稻充当稻种和农料。到了第三年，桑原庄实现了种子、农料的自给，垦田增加到42町，确保净收入为2640束稻穗（换算为春米约为130石）。

此庄园受困于难以确保灌溉用水，于是生江臣东人向造东大寺司提出申请，计划以稻2100束（约100石）的劳务费，建造一条长1230丈（约3.5公里），途中设有导水管24处的水渠。但是他不是桑原庄所在的坂井郡郡司，对此地农民的影响力有限，田使曾祢乙麻吕也招募不到耕作者，庄园经营遂陷入困境，天平宝字二年（758）以后，桑原庄就从史料中消失不见了。

属于越前国足羽郡的道守庄（今福井市西部），位于生江川（足羽川）与味间川（日野川）的交汇处。这里也是东大寺在天平胜宝元年（749）掌握的土地之一，足羽郡郡司生江臣东人自费从生江川引水，作渠 2500 丈（约 7 公里），开垦田地 100 町，并在天平神护二年（766）捐赠给东大寺。其中东大寺的垦田 80 町 7 反余，野地 137 町 4 反。

关于这座庄园，有一份虽有残缺但描绘详细的地图传世（图 2）。该庄百姓的家位于生江川沿岸的自然堤防（河流带来的泥沙堆积形成的小高台）之上，庄所在东北、西南各有一处。野地南面分布着东大寺的垦田，由称作"寺沟"的水渠灌溉。东大寺的垦田中也有生江臣东人的垦田，同样使用寺沟的水，由此可知庄园开发对东人来说亦有好处。寺田东面有田边来女持有的垦田，后来被东大寺买下。

越前国鲭田国富庄，则是坂井郡郡司品治部公广耳在天平宝字元年（757）将垦田 100 町捐赠给东大寺而始设的庄园。属于这一庄园的垦田散布于坂井郡内，是广耳从农民那里购买的零碎垦田，或还不起私出举（私人放的贷款）的农民的流当田地。广耳将从垦田收来的地子集中交给东大寺，但他死后，东大寺难以征收地子，就将分散的垦田与农民的口分

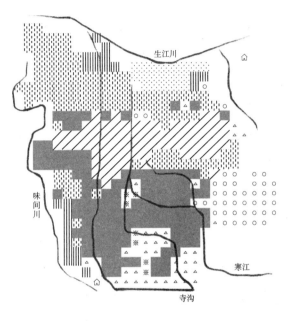

生江川

味间川

寒江

寺沟

■ 东大寺田（道守庄田）　　○ 田边来女垦田　　░ 野地及其他

╱ 原图缺损处　　❋ 生江臣东人垦田　　△ 口分田、其他人的垦田

‖ 旱田（百姓的旱田等）　　⊡ 百姓家　　⌂ 庄所

图 2　越前国道守庄示意图　据原书及《图说福井县史》所载《足羽郡道守村开田地图之概要》缩绘而成

田等交换，更换田地位置，将之集中在今天福井县坂井市的南部、福井市北部。

皇族、贵族的初期庄园

日本古代史料的一大部分都是东大寺等寺院流传之物，关于皇族、贵族设立的庄园，因史料不足而难知实际情况。不过他们也设立了数量不输于寺领的庄园。

此种庄园之一例，是藤原武智麻吕的孙子藤原黑麻吕设立的上总国藻原庄（今千叶县茂原市）、田代庄（同县长柄町）。藻原庄是黑麻吕就任上总国守之际，开垦以牧场为名义所占土地而得到的庄园，田代庄则是黑麻吕与其子藤原春继购买当地垦田而成立的庄园。《垦田永年私财法》规定国司开垦的土地在其任期结束后要交公，但黑麻吕在任期中掌握了饲养马匹的牧场之地，在任期结束后将之开垦为庄园而免于充公。春继则在赴任常陆国国守后，娶了当地豪右的女儿为妻，住在藻原庄经营此地。春继的儿子藤原良尚在京都出人头地，作为文德天皇的近臣而活跃一时。

这样的庄园多在东国，国司任期结束之后的皇族、贵族定住在地方不走，妨碍新任国司行政，成为一大问题。此类定居地化的皇族、贵族被称作"前司浪人"，后世一些大武士团就是从他们的后裔中产生。

朝廷也会为天皇、太上天皇（略称"上皇"）设置初期庄园。这就是"敕旨田"。敕旨田是天皇命令国司开发并向皇室进献的庄园。9世纪初淳和天皇到仁明天皇时期，朝廷设置众多敕旨田。推定嵯峨上皇的敕旨田达1800町，淳和天皇有2200町，仁明天皇的敕旨田也有 1100 町。天皇还会把敕旨田赏给皇族近支、妃、近臣，谓之"赐田"。

到了 9 世纪后半期，敕旨田就不起眼了。如下章所述，《延喜庄园整理令》禁止新设此类田庄。

第二章

摄关政治和兔田型庄园

1 荒废的农村，苦恼的朝廷

摄关政治之始

桓武天皇在延历十三年（794）迁都平安京，平安时代由此开始。但进入 9 世纪后半期，律令制统治就显现出僵局。在政界，藤原北家出身的藤原良房在贞观八年（866）的应天门之变中除掉了伴善男等人，扫清了引入律令制以前就在朝中拥有实力的大伴氏、纪氏的势力，以人臣之身第一次做上代行少年天皇大权的摄政一职。良房之甥、养子藤原基经在元庆八年（884）成为在成年天皇下参与大权行使的关白。基经之后，摄政、关白二职暂时未置，延长八年（930），藤原忠平担任朱雀天皇的摄政，后转任关白，此后由其子孙担任摄政、关白或相当于此职的内览（先行披览奏折）成为惯例。

9 世纪后半期开始约两百年间，由藤原北家的良房一脉掌握实
权的政治称作"摄关政治"，这一时代称作"摄关时期"。这
正是日本从古代进入中世的漫长过渡期。

相继发生的天灾

政界激荡的背景是天灾引发的社会不安。贞观六年（864）
富士山喷发，贞观十年（868）播磨国地震，次年东北地区
的太平洋近海爆发称作"贞观地震"的大地震，大海啸袭来。
2011 年的"3·11"东日本大地震也被称作是此次地震的重演。
之后，元庆二年（878）关东地方出现地震，仁和三年（887）
出现了被推定为南海海槽地震的仁和地震，日本中西部遭到
巨大损害。在信浓国，这次地震致使八岳中的天狗岳[1]发生山崩，
所形成的土坝阻塞了千曲川，并在翌年突然溃决，将广阔田
地埋在滚滚泥沙之下。

瘟疫也四处蔓延，贞观三年（861）平安京中赤痢大流行，
许多儿童死亡。人们相信疾病流行是因为怨灵作祟，京都的
祇园祭就是自贞观年间（859—877）开始为安抚怨灵而举行的。
到南北朝时代，它才演变为抬着花车"山鉾"游行的华丽祭典。

洪水也不断袭来。诸如木曽川水系贞观七年（865）大洪

---

1 八岳系横跨长野县东部到山梨县北部的火山群，由天狗岳、硫黄岳、横岳、阿弥陀岳、
权现岳等构成。其最高峰赤岳的海拔达 2899 米。——译注

水等，反复到来的洪水导致木曾川主河道南移，两岸的尾张国、美浓国之间也由此出现边界纷争。

气候变动的影响

近年研究显示，9 世纪后半叶频发的水灾是气候变动的结果。2008 年，为了验证全球变暖问题，科学家启动了"过去 2000 年全球变化网络"（PAGES 2k Network）项目，旨在厘清全球 8 个区域 2000 年来的气温变化，在东亚则集成了公元 800 年以后的数据。其数值以相较于 1961—1990 年夏季平均气温的偏差值表示。另外，最近古气候学者中塚武通过测定树轮纤维素的稳定氧同位素，可以逐年推断日本列岛的夏季降雨量。这一数值也以相较于 1960—1990 年的平均值的偏差值表示。

图 3 中，对应左轴的虚线表示树轮纤维素的稳定氧同位素变动。因为逐年变动很大，图中标注的是十一期移动平均值[1]。数值越小则降水量越多，为了让降水量的变化更容易看懂，笔者将轴的正负反转。对应右轴的实线则表示气温变动，描画了十期移动平均值（下文图 4、6、11、15 皆同）。

1　移动平均是统计学中常用的一种方法，在取得一组数值后根据项数或期数进行平均以减少波动。如测得十个数值并做三期简单移动平均，则处理后的第一个数值为前三个数值之和除以三，第二个数值为第二个至第四个四数值之和除以三，后续以此类推。——编注

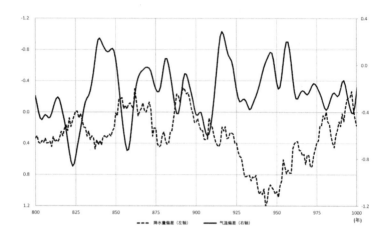

图 3　9—10 世纪的气候

　　根据这张表，截至 9 世纪前半叶，日本气候都是稳定的相对干燥期，9 世纪后半叶转入湿润，气候变化剧烈，旱涝交替。10 世纪气候一转而干燥化，以千年为单位来看，10 世纪中叶的干燥气候也属异常，因此农村在其间应该经受了严峻考验。

　　过去认为 10 世纪进入了中世纪温暖期，欧洲迎来农业生产力上升的时代。日本在 10 世纪虽然气温升高，但日本列岛上有气温升高则降水量减少的趋势。温暖的气候虽然有利于水稻生长，但不下雨的话就会颗粒无收。所以同样的气候变化，对欧洲的麦作与日本的稻作带来的结果并不相同。

古代村落的消亡

根据考古学研究也可知，9 世纪后半叶古代村落陷入危机之中。面向千叶县君津市内的小系川中游区域的常代遗址，5 世纪中叶出现村落，6 世纪有大型灌溉水渠。在律令国家成立的 8 世纪，村落扩大，灌溉水渠也得到了修缮维护。但 9 世纪后，房屋遗存不明确，9 世纪后期灌溉水渠不再被使用，可以认为此村落已经消亡。在其南面的郡遗址，6、7 世纪建有成排的大型建筑物，河床遗址出土了祭祀用陶器，但这些陶器的时代截止于 9 世纪，10 世纪以后这里就被埋没于河水之中。

长野县千曲市的屋代遗址在 7—9 世纪遭遇五次洪水，每次水田都得到了恢复，但在仁和四年（888）的大洪水侵袭后，这里的水田没能恢复，10 世纪后村落消失。

长野县松本市内的田川流域，自古坟时代就有村落，8 世纪村落增多，但 9 世纪后半叶许多村落消亡，其后人们在离河更高的山边建成村落。迁移的理由是在山谷间能够获得安定水源，但这些村落也未能稳定维持下去，几乎没有延续至 10 世纪后半期。

从文献中也可以看到当时农村荒废的情形。三善清行在延喜十四年（914）上奏的《意见封事十二条》有关于备中国下道郡迩磨乡的叙述：据《备中国风土记》，日本与唐、新罗联军交手的白村江之战（663）时，齐明天皇率军通过此乡，募得士兵两万。天皇大喜，赐名"迩磨"。迩磨乡在天平神护年间（765—767）有男丁 1900 余，但到 9 世纪后半叶的贞观年间（859—877）仅有 70 余人，到了延喜十一年（911）空无一人。这个故事有所夸张，且主要表明此时国家已无法根据户籍掌握人口，但考虑到考古发掘呈现的情况，则它也不是架空之语。

郡司阶层的没落

即便天灾频繁、气候异常，国家和社会若有余力也可应付吧。不过在这个时代，地方社会出现了不止于人口减少的混乱。

在千叶市的高泽遗址，5 世纪后半叶开始延续的村落在 10 世纪前半叶消亡，结果维持了五个世纪的古坟群和墓区也被人遗忘。在千叶市的椎名崎遗址，10 世纪建筑物侵入古坟群，古坟的界壕上也被盖上房屋。这些古坟已经不被人们认作是祖先长眠于此的神圣场所了。

祖先坟茔被遗忘、古坟遭到毁坏，这种传统性权威的崩毁，致使自古居于此地的地方豪族后裔的郡司阶层威望落地。元兴寺领有的近江国依智庄（滋贺县爱知郡爱知川町）任命世袭爱智郡司的依知秦氏一族担任"田刀"一职，负责经营，但后者在 9 世纪中叶就放任庄田荒废。于是庄园领主元兴寺越过依知秦氏介入经营活动，将庄田分割为"预作名"，重新决定缴纳地子的责任者，并任命有力农民负责庄务。

班田收授的前提是存在世世代代延绵不绝的大家族，以及这些大家族集中居住的古代村落。如果不能掌握何人住在何处，就不可能征收调、庸、杂徭这些人头税。古代村落的崩溃瓦解了这个前提。

另外，古坟不再被当成圣地所显示的传统权威的崩溃，招致郡司威信式微，律令制的行政末端就麻痹失灵了。初期庄园的劳动力依靠郡司动员的农民，郡司的影响力衰弱以后，庄园就无法确保劳动人手，其中一大半走向荒废消亡。

富豪层的出现

在这种混乱之中，被称为富豪层的有力农民登场。这一时期，交不起税而逃离村落、脱离户籍成为浪人的农民增加，但其中也出现了被称为"富豪之辈""力田之辈""富豪浪人"的农民。后者虽是脱离户籍的浪人身份，却靠才智致富，或召集贫穷浪人开发田地，或强行租借农民的口分田分给麾下浮浪之人耕作，或借给农民稻种并收取高额利息（利稻）。因此编户农民越发穷困而走上浮浪之途，与富豪层的贫富差距不断拉大。

富豪农民还以武力对抗国司、郡司派遣的征税使，并攀附中央贵族、中央官衙成为其从者，进献自己开发出来的田地，承担贵族、官衙所设庄园的经营工作。结果，9世纪与富豪层合作的庄园急速增长，压迫了耕作口分田的普通农民。在严重的旱涝灾害导致农业经营困难、国家税收减少之际，此类庄园的野蛮生长令国家财政陷入危机。

《延喜庄园整理令》

应对这一危机的法令，是延喜二年（902）颁布的《庄园整理令》。此时朝廷的主导者是在醍醐天皇之下担任最高官职左大臣的藤原时平。他是致使菅原道真失势而被流放至大宰府的主谋者，多有恶评，但也是努力整顿9世纪末乱局的政治家。

这份庄园整理令的目标是禁止富豪层剥削一般农民，并阻止前者结托中央贵族不断设立庄园。其具体措施有停止新设敕旨田，禁止皇族、贵族、国司圈占荒野、荒田而妨碍民众利用，禁止强行动员农民开发庄园，并下令将已开发的田地分配给农民。它还禁止有力农民将田地、私宅捐赠为贵族庄园，禁止其私自放贷以压榨农民，要求他们返还借抵押借款而没收的田地。

藤原时平实施了长久不曾实行的班田，且编纂了记载清和、阳成、光孝三朝事绩的《日本三代实录》。汇总律令的追加法"格"、施行细则"式"的《延喜格式》也开始编纂。但是这次班田成为绝唱，《日本三代实录》是最后的官修史书，《延喜格式》也成为最后的格式集。时平的政治可以说是律令国家最后的光辉。

延喜九年（909）藤原时平英年早逝，其弟忠平继承了藤氏长者（藤原氏全族的代表）之位。延长八年（930），幼君朱雀天皇即位，藤原忠平出任摄政，在天皇元服成人后就任关白。较之为重整律令国家而奋斗的时平，藤原忠平则是富有平衡感的稳健政治家，推动了适应现实的律令制改革。

2　受领与田堵

从人头税到土地税

9 世纪后半叶，律令国家仰为基石的古代社会发生巨大变化，古代村落瓦解过程中出现的富豪阶层攀附中央贵族，致使庄园乱立，国家税收不足与农民贫困成为问题。

为应对这一危机，摄关时期的朝廷对律令制度进行了大幅度改革。核心是在税收制度上将人头税转换为土地税、在地方行政上扩大国司的权限，在耕种方式上采取田堵这一富裕农民的承包制，在土地制度上认可免田、国免庄（参见第 38—40 页）。

这一改革并非由中央政府主导实施，而是在一线应对危机的国司按照现实调整律令制的运用，然后由中央政府追认。这个时代的国司将富豪阶层作为郡司、乡司纳入统治末端（参见第 61 页），或者让他们作为田堵来承包耕作、纳税事务。

9 世纪后半叶加速的古代村落解体、郡司阶层衰落、脱籍的浮浪之人增加，令以人头税为核心的律令制税制基础崩塌。连谁住在何处都不知道，又该怎么收税呢？答案是转向土地税，以不能长脚跑路的土地为基准课税。

原本律令制的地税是租这一类，但到摄关政治时期，各色税目都地税化了。缴纳特产的调、缴纳布匹的庸都以基于田地面积的田率来缴纳。春天借给农民稻种，秋收后加利收回的出举，变为不再出借稻种仅以田率征收利稻的地税。至于耕作口分田分配后剩余的乘田而缴纳地子的赁租，口分田、乘田的区别也消失了，大半田地都负担地子。这样的租、按照田率缴纳的调庸、出举的利稻、地子等诸税目合称"官物"，主要用米缴纳。官物也被称作田租，但它和前代的租差异巨大，需要留意。

国司使役的杂徭、国司应中央之命而调集必要物资的交易杂物、在此之外的临时课税则作为人头税保留下来，被总称为"临时杂役"。这些实际上也多按照田率征收。摄关时期的税制就由官物、临时杂役这两大项来运作。

国司权限扩大与集权化

摄关时期，为应对地方社会的急剧变化，地方行政机构国衙的权限也得以扩大，负责行政的国司体制走向集权化。正如前章所述，律令制下的国司不止一人，而是由以守为长官的四等官构成，守没有次官等人的人事权，行政责任由四等官连带担负。

但9世纪末，税收未进（未缴）的责任由长官守单独担负，次官以下的待遇也由国守决定。自己一人向中央政府承担任国纳税责任的守被称作"受领"。受领以外的国司被称作"任用国司",或远离行政事务,或成为受领的部下。受领带着许多随从前来赴任,将他们作为部下来管理任国。

受领国司只要向中央政府缴纳按照任国田亩数计算出的税额,中央政府就不干涉其如何征税与治理,于是受领可以在任国自由发挥。这也被称作"国司的包税人化"。

郡司制度也得到改革。郡司过去由传统的地方豪族世袭,但在摄关时期,郡司的定员制度被废除,受领国司可自由任命定员之外的郡司,这些被称作"拟任郡司"。受领国司也会一反常道,任命抗税的富豪层为郡司,使之承包纳税。富豪层的仓库被视作隶属于国、郡的仓库,储藏在其中的米谷被富豪层拿来出举,所得利息的一部分交给国司。此即"里仓负名"制度。

雁过拔毛

摄关时期的受领像任国的专制君主一样随心所欲,则此职位成为可以大赚一笔的肥差。另一方面,摄关政治下的贵族家格门第也在固化,分化成生来就可以获得三位以上之荣华的上流贵族,与止步在四至五位的中级贵族。对于中级贵族来说,就任受领便是积累财富、抓住出人头地机会的重要途径。

汇集此时传说故事的《今昔物语集》收录有表现受领贪欲的情节。信浓守藤原陈忠(982 年在任)四年任满回京途中,在东山道的神坂岭（美浓、信浓两国国境）连人带马掉进深谷。惊慌的随从听到下面传来声音，就把篮子放下去把他拉上来，结果篮子里不见陈忠人影，却放满一篮平菇。觉得奇怪的随从再次把篮子放下去，这次手上抓着平菇的陈忠出现。他在落下时被树木勾住而九死一生，但见勾着他的树上长满平菇，于是就把手边能采到的平菇全盛在篮子里。他说树上尚留不少，实在可惜，随从大笑，但陈忠一本正经地宣称入宝山空手而归才是傻瓜，"受领跌个跟头也要抓把土"。

清少纳言所著《枕草子》里也描绘了这个时代受领身上的悲喜剧。在朝廷人事任免（除目）中获任富饶之国受领的人，嘴上说着"哪里有什么好处，也只是流落到外面去罢了"，脸上却扬扬得意（《得意的事》），而在人事任免中未得国司之职，则心怀期待而聚集到家门口的人群便作鸟兽散（《扫兴的事》）。中级贵族历任数国受领而升到四位、三位，则上级贵族也要另眼相看；中级贵族家庭出身的女性的最大幸福，就是作为受领夫人而前往任国（《得意的事》）。对于当时的中流贵族来说，就任受领便是如此受重视的事情。

为了受领的名誉起见，此处多提一句，即受领并不全都是那种贪得无厌的剥削民众之人。长保三年（1001）、宽弘六年（1009）两度担任尾张国受领国司而赴任的大江匡衡出身学者之家，不仅在尾张创立学校院，还修整了如今仍用作尾张西部地区基础水渠的宫田水渠，后人还称此地一条河流为"大江川"。他的夫人是著名的和歌诗人赤染卫门，在现实生活中作为中级贵族门第出身的女性得到了最高幸福。

何谓负名制？

摄关时期，受领国司为了从土地上收税，就把国内耕地分割成称作"名"的单位，交由农民承包，而这些承担各个名的耕作、纳税之农民就称作"负名"。这个制度被称作"负名制"。前文在近江国依智庄时提到，部分初期庄园已经实行了将庄内土地分为预作名分给农民承包的方式，但负名制此时广泛运用到了公领。"公领"指的是国司及作为其衙门的国衙所管辖的土地，与指称庄园的"私领"（参见第38页）对用。

成为负名的有力农民，作为农业经营者被称作"田堵"。律令国家下的口分田可以一世拥有，但名不是田堵的所有物，只是农民根据以年为单位的契约承包耕作的土地。纳税成绩不达标就无法续约，但另一方面，田堵若遇更好条件也可以承包别处田地。班田收授制下班给农民的口分田也逐渐被吸收到名田之中，农民若不能成为田堵，就只能做田堵的仆从或田堵的雇农。这种制度自由度高但农民之间竞争激烈，想必使农村也有杀伐气息，但要熬过10世纪的严重旱灾，或许也别无他法。

田堵和"假名"

在负名制下，国司、庄园领主每年开春进行决定田地耕作者的工作，称作"散田"。耕作者已确定的田地，以承包耕作、纳税的田堵之名称呼。比如自称"稻吉"的田堵成为负名之后，所承包的田地就称作"稻吉名"。不过承包者更迭就更换名称也很烦琐，索性就以旧名称呼下去。

田堵负名之际，不以真名而以商号"某某屋"一样的假名称呼。假名多使用稻吉、稻富、永富、益富、富永、久富、得富、富田、丰田之类让人联想到丰收、富贵的名称。这个假名成为被承包耕作的土地之名，也成为庄园的名称，作为地名流传至今。日本人的姓氏多源于地名，很多人就把过去名田的名字用作自己的姓氏。

一位田堵会承种几处名田，一处名田也会由几位田堵承种。承种横跨数町的巨大名田的田堵，被称作"大名田堵"。这就是后世"大名"一词的由来。

理想的田堵：田中丰益

摄关时期出现的田堵与过去的农民不一样，自己掌握经营农业的资本、材料工具，按照自己的判断经营农业，可谓"专业农民"。11 世纪中叶，贵族藤原明衡著有《新猿乐记》一书，描述了当时各行各业人员，被时人当作学习社会实情的教科书来阅读。《新猿乐记》列举的职业多种多样，包括博弈者、武士、巫女、学者、相扑力士、木匠、医师、阴阳师、高级官僚等，其中也包含了田堵。

当时猿乐非常流行。这是一种源于农村农耕礼仪的歌舞，也成为后来的能乐原型之一。《新猿乐记》的故事设定是某天晚上，右卫门尉带着三位妻子、十六个女儿及其丈夫、九个儿子前去观看猿乐。作者逐一描写每个人的从业内容。右卫门尉的三女婿是大名田堵田中丰益，下面就让我们看看他的工作情形（原文译作白话文）：

> 出羽权介田中丰益一心致力农事，不务别业，是位经营数町田地的大名田堵。他提前考虑到有洪涝、旱灾之年，备好锄、锹等农具，熟知哪里的土地肥沃、哪里贫瘠，维修马耙、犁。他培养整修井堰、堤防、水渠、畦畔等土木活时雇来的田夫农人，也好生慰劳那些雇来播种、育秧、耙田、插秧的劳动妇女。他田里栽种的早稻、晚稻、粳稻、糯稻等收获多于他人，打下来的米逐年增长。不光如此，他在旱地上播种的麦子、大豆、豇豆、赤豆、粟、黍、稗、荞麦、芝麻也收获众多。春天向地里播种一粒种子，秋来收获万倍纳入仓中，自春耕至秋收几乎从不失误。他常有五谷丰收之喜，至今无洪灾、旱灾、虫害、冻害之损。
>
> 另外他勤谨接待调查田地和征税的官吏，国衙官员

经过时也设宴招待，绝不怠慢。更别说地子、官物、租谷、租米、调庸、代稻、段米、使料、供给、土毛、酒直、播种费、营料、交易、佃、出举、班给等种种税目，他丝毫没有拖欠。

田中丰益是个虚构的乌有先生，此处描述的景象也不是现实，但我们可以看到时人心目中期待的理想田堵形象。丰益自己拥有锄、锹、牛马拉的犁等农具，按照耕地的实际情况调整。自己也储备种子，根据天候和耕地状态选种早晚稻、粳米或糯米，并栽培多种旱田作物以分散风险。通过这种绵密的计算，他将洪旱虫冻等灾害带来的损失压到最低程度。

种植稻作，开春之前就要在河上建堰引水，修整田埂以防水漏走。这些工作必须要有大量人手。初夏插秧、秋天割稻的时候，也必须集中动员许多劳动力。过去地方豪族、古代村落负责这种劳动力调配，但田中丰益以仓库里积蓄的大量米谷为报酬，招揽田夫农人、插秧妇女，保证有雇佣劳力。

田堵不仅是专职农业经营者，也被要求完成纳税义务。税种大抵被分为前文提及的官物和临时杂役，但实际上还有地子、官物、租谷、租米、调庸、营料、交易等一大堆税目，田中丰益当然把这些税一文不落地交齐，还以酒食招待前来调查土地和征税的差吏，国衙的官僚路过此处时也设宴款待。田堵必须勤谨接待官吏，就是因为他们耕作的土地不是自己的，而只是按年份承包耕作的地块而已。无论什么时代，外包业者终究很辛苦。

现实的田堵：古志得延

下面介绍现实的田堵，即越后国石井庄（新潟县上越市东部）的古志得延。石井庄是东大寺领的初期庄园，有 65 町田地，但 10 世纪末彻底荒废。于是越后国出身的僧侣兼算奉命复兴该庄，在永承七年（1052）获任为该庄经营责任者的庄司。

兼算招募耕作庄园土地的农民，住在距离石井庄 80 公里左右的古志乡（新潟县长冈市山古志）的田堵得延响应，带着农民 20 人左右前往石井庄。得延与庄司兼算立下主从契约，成为石井庄的田堵，兼算使唤此人重新开发庄园，结果成功开出了 20 多町田地。

不过，石井庄的农民不但要向东大寺缴纳每反 3 斗的地子，还要向国司缴纳官物、杂役，于是他们对庄司兼算的不满情绪便高涨起来。田堵得延与兼算的关系也恶化，得延向国司上诉兼算无能，又告称兼算的随从偷马，最终还对本是其主人的兼算大放厥词。得知国司不理会自己的上告后，他不再愿意为兼算工作，天喜五年（1057）带领许多农民越过国境逃至信浓国了。

古志得延与田中丰益一样，有能力动员农民开发、耕作土地并取得收获，但没丰益那样顺从。税负比想象的重，他的不满情绪就高涨起来，一度对奉为主人的兼算口吐暴言，也计划将其赶走。驱逐兼算失败后，得延对石井庄没有眷恋，带着手下的农民一起前往信浓国的新天地。像从古志乡前往石井庄一样，也许他听闻信浓国有条件更好的工作。

这个时代的田堵像是承包土地耕作的农民集团的包工头，他们的财产不是土地，而是农具、种子、农资这类动产，以及跟随他们的农民。这个时代的农民也不像后世那样守着祖上累代相传的房屋、田地而定居一处，而是应国司、庄园领主的需求四处更换生活、工作场所。

3 免田型庄园

私领、免田、免田型庄园

摄关时期的国司从中央政府手中获得了认可土地所有的权限，通过国图来管理任国内的公私领地。国司也获得了决定课税额的权限，出于各种原因减免私领的税额。摄关时期的庄园是减免租税的私领（免田）的集合体，由庄园领主招募的田堵耕作，向庄园领主与国司两方纳税。这种庄园称作"免田型庄园"（或"免田寄人型庄园"）。

摄关时期被承认私有的水田旱地称作"私领"。这其中包含《垦田永年私财法》承认的垦田，但抛荒田地的重新开发地、公田耕作者承包税务而拥有地主权的土地也被称作私领，其所指范围比前代更广。私领的领主向耕作者收取每反3斗左右的地子，公田上的领主向耕作者收取每反5升到1斗的加地子。这种领主（私领主）包括田堵、地方豪强、郡司及前国司、朝廷贵族及下级官吏、僧侣、大小寺社等多种多样的身份，不受身份、资本的制约。其中贵族、寺社所有的私领群经国司认可后，就可以获准称"庄"。

私领虽与公领一样，必须要向国衙缴纳官物和临时杂役，但经国司裁量可以减免，受此优待的私领称作"免田"。国司承认免田的理由大体有三：一是作为对开发者的奖励措施，减免新开田（称作"治田"）的税；二是国司以此充抵应向贵族、寺社缴纳的物品；三是对服务贵族、寺社的寄人的田地予以税负减免。

国司在任期间至少调查国内全部耕地一次，编制记载田地面积、土地类别、耕作情况、公领还是私领、私领所有者、课税量等内容的台账。这种工作称作"检田"，编制成的台账称作"国图"。

对于私领、私领群构成的庄园领主来说，能否被承认庄园所有权、能否获得税负减免是关乎切身利益的问题，所以他们在检田时说明土地所有的来历，提交文书凭据接受审查，而国司拥有很大的裁量权。国图制作完成后，国司也每年向各地派遣使者调查耕作的实态、新开田地的状况，没收那些长期未实际耕作的私领、庄园，并将新开田列入课税对象。

人们开发了各类私领，国司在调查时，有时也会将其没收为公领，这些土地重新开发又产生了私领，因此这个时代的土地权利关系变得极其复杂。

在国司裁量下获准成立的庄园称作"国免庄"。国免庄是免田的集合，不过多附带由表示东西南北边界的四至划分出的开发预备地。但是，那些地方开发出来的新田也是国司的课税对象，未必会享受减免待遇。

然而，国司每四年交替，前任国司做出的决定会全部失效。于是免田、庄园的领主就会向新任国司陈述应予减免的事由、过往国司认可的实际成绩，申请延续优待措施。但新任国司想要增加税收，不会简单予以认可，很多庄园、免田也会被废止。另一方面，四年任期临近结束时，国司会收受贿赂，大量认可免田、庄园，以批准设立庄园来充抵必须缴纳给寺社、贵族的物品。这些新立庄园又会被新任国司废除。这一时代持续着这种循环。

官省符庄与不输、不入

也有比这种国免庄更安定的庄园。摄关时期的朝廷虽给了国司有关土地所有、课税的许可权限，但自己并非放弃。在特殊情况下，中央政府会行使这一权限，决定特定庄园的归属以及减免待遇。这个决定由太政官做出，经民部省传达给国司，接受处置的庄园获得太政官、民部省的命令文书"符"，因此这种庄园被称作"官省符庄"。

有了官省符，国司更迭后续任者也要尊重命令，官省符庄就拥有比国免庄更强的权利。官省符认可的官物免除特权称作"不输"之权。它继承了通过律令规定寺田、社田不输租的传统，大多授予寺社领庄园。永承四年（1049）在高野山麓成立的金刚峰寺领庄园名本身就称作"官省符庄"（在今和歌山县桥本市），就是著名的例子。

官省符庄的税负减免只限于指定的免田，庄园四至内开发的新田也会成为课税对象。国司可通过检田掌握这部分田地数额，但在特殊情况下，朝廷也会下令此庄免于检田。这个特权叫作"不入"之权。

国司奖励开发

国司减免私领开发者的税负以促进荒地开发。长和元年（1012），和泉国国司通过郡司命令田堵重新开发荒田。在当时的和泉国，大名田堵持有大片田地而任其荒废，于是国司不再认可抛荒四年以上的田地所有者的权利，允许其他田堵再次开发。开发成功，该地就获免新开地的临时杂役，并减免5升官物。官物大抵是每反3斗，则这是17%左右的减免。不过，这样一来恐怕田堵会放弃既有耕地的耕作，集中开发税率优惠的荒田，因此国司还特意警告不得如此。

　　国司也奖励外部资本的开垦。伊贺国司在长久四年（1043）决定免除伊贺国外人士前来开发的荒地的临时杂役。通过这些优待政策，这个时代的地方豪强和都城贵族等都投入资产，动员自己的仆从和当地的田堵大力开发、经营私领。

私营田领主的荣华与没落

　　响应国司的开发奖励，大规模经营私领的私领主被称作"私营田领主"。石母田正氏的经典名著《中世世界的形成》一书开篇提到的藤原实远，就是有名的私营田领主的例子。实远的父亲藤原清廉在《今昔物语集》收录的故事"大藏大夫藤原清廉怖猫的故事"（第28卷第31篇）中出场。据其所说，清廉怕猫出了名，只要看到猫，不管有什么事都会蒙着脸逃走。他是大藏省的事务官僚（四等官中的三等官大藏丞），本来官位是六位，因功得进五位。在中央官僚中虽属于下层，但他有另一副面孔，即在平安京周边的山城、伊贺、大和三国经营广阔私领的私营田领主。

　　私领也须向国司缴纳官物，但清廉拖延纳税，仅大和国一地的欠额就达570石。如此多的漏税已构成犯罪，但五位官僚不可逮捕。于是大和守藤原辅公（1017—1021年在任）想出一计，将惧猫成名的清廉邀请到自己在京都的家里，在房间放入5只身长30厘米的赤睛大猫威胁他。面无人色的清廉当场写下命令文书，承诺立即从京都的家中交纳70石，剩余

500 石由大和国宇陀郡的居馆交清。

这位清廉的儿子就是藤原实远，他从父亲那里继承了伊贺国的领地。实远任左马允，位阶为七位，与父亲同属下级官员，但在伊贺国经营 28 处私领，荣华耀人，被称作"当国猛者"。实远的领地分布在伊贺国内四郡，在基本相当于此国中心的伊贺郡猪田乡（三重县伊贺市猪田）设立核心据点，在各郡建造称作"田屋"的经营据点，像仆从一样驱使国内居民耕作。

不过实远的经营急速下滑。长久四年（1043），他把名张郡矢川村的水旱田地共 40 町卖给禅林寺座主深观（花山天皇皇子）这位高僧。根据售卖时的说法，名张郡的居民死的死、逃的逃，此地已成荒地，水旱田地也荒废成鹿、野猪的巢穴。私领买主为了获得重新开发荒地后的税收减免权，可能会夸大荒废的情形，但实远因无法经营而出售土地确是事实。

实远的经营崩溃应是无法确保耕作劳动力所致，私营田领主与耕作者之间是一种利益交换的关系，伊贺国的农民没有其他工作就只能为实远驱使，有了新工作就有"跳槽"的自由。在当时的伊贺国，东大寺、伊势神宫经营的庄园正逐步扩张，实际情况是农民前往那些地方了吧。

实远没有担任过郡司等职务，与贵族也没什么关系，因此没落。为了避免这种事态，身份不高的私领主（领地巨大的就是私营田领主）为了确保权利稳固，就把自己的私领捐赠给中央贵族以求保护。这是免田型庄园产生的第一个契机。

封物与便补

在律令制下，中央朝廷以赐予封户的形式给予贵族、寺社收入，国司征收向这些指定农民的"户"课征的调庸物，也即"封物"后交给封户的所有者。但是摄关时期，"户"已经有名无实，国司从国内征收的税额中计算出相当于封物的部分，将其交给封主。

不过调、庸都已土地税化，封物的征收也由田地担负才合理。于是国司指定特定的免田，将从那里征收的官物、临时杂役作为封物交给贵族、寺社。这被称作"便补"。便补之免田的耕作者，向贵族、寺社缴纳本应向国衙缴纳的税。

便补免田集中起来也会成为庄园。这是免田型庄园成立的第二个契机。大和国司须向东大寺的大佛供献一天一斗的白米，国司就把这项负担分摊给 36 町田地，将从那里收来的官物缴纳给东大寺。其中属于大田犬丸名这一名田的 7 町免田就成了东大寺领小东庄（奈良县河合町）。另外有时国司只决定便补免田的面积而不指定具体位置。这被称作"浮免"。

权门与寄人

摄关时期的贵族之家及大寺院神社这种组织势力强大，分担了部分国家职能，被称作"权门势家"（权门）。基于律令制的官僚制崩溃后，门阀与宗教集团就逐渐拥有强大势力。服务权门的人被称作"寄人"，最下层也包括农民。他们平时在农村种地，有需要时前往京都、奈良从事权门安排的事务，缴纳必要的物品。

寄人的工作是有回报的。权门是支撑国家的一翼，其活动被视作准公务，所以侍奉权门的寄人可以要求减免税负。权门为扩充寄人而向国司施压，国司也揣测权门心意而承认寄人的要求。这是免田型庄园产生的第三个契机。

东大寺领伊贺国黑田庄（三重县名张市），是由寄人免田变为庄园的例子。天平胜宝七年（755），孝谦天皇为调集修理东大寺大佛殿的木材，将伊贺国名张郡一处叫作板蝇杣的杣山（砍伐木料的山区林场）捐给东大寺，并附带砍伐木料的杣工。到了 10 世纪，该地木材被伐空，东大寺的杣工在山谷间开发水田，实际上成了农民，只是还保留东大寺寄人的身份。11 世纪初，此处的 6 町左右田地被伊贺国司批准为黑田庄，豁免住民的临时杂役。

黑田庄与伊贺国衙的公领以名张川为界，河流改道、人口增多，庄民开始越河承包公领。在这些打工地，庄民仍以自己是东大寺寄人为由，主张免除临时杂役。这些主张获得认可后，公领的农民也相继成为东大寺寄人，甚至开始主张免除官物，以致天喜四年（1056）庄民与国司之间发生武力冲突。

黑田庄的故地与东大寺的关系则延续至今，东大寺二月堂每年 3 月 12 日深夜举行的汲水仪式（修二会）上使用的大火把，就由黑田庄的一之井村落制作，当天赶 40 公里路程运至东大寺（伊贺一之井松明调进仪式）。

摄关家也拥有称作"大番舍人"的寄人。摄津、和泉、近江三国农民交替进京，承担摄关家的夜间值守等杂活。平治元年（1159）闰五月至六月一个月间，执勤的舍人达 268 人。舍人承包的田地称作"大番领"，可免除临时杂役等。

也有向摄关家上交食品的寄人。摄津国橘御园（今兵库县尼崎市、伊丹市）的农民，成为向摄关家贡纳柑橘的寄人，在藤原师实参拜春日大社时还献上了 200 份便当。作为这种服务的回报，他们得免临时杂役。

权门寄人增加的结果就如永承五年（1050）和泉国的情况，寄人多达 1280 多人，其免田达到 980 多町。平安时代初期和泉国的总田数为 3445 町，则免田占了 28%。永承二年（1047）朝廷为兴建兴福寺金堂，命丹波国负担木材，国司想征收临时杂役时发现，免除临时杂役的寄人占了国内过半数，此外的公民根本不堪重负。寄人的增加成为国司收税的巨大障碍。

上告国司苛政

在摄关时期的地方社会，田堵以一到三年的短期契约承包田地，号称"当国猛者"的私营田领主藤原实远瞬间没落，免田、国免庄每四年就会迎来存续危机。掌握这些田地命运的是国司，但国司若不在四年任期中干出业绩，也就没有今后了。支撑紫式部、清少纳言笔下华丽宫廷生活的，是这种变动不止的竞争社会。近来的日本社会也似这个年代，令人担忧。而到了 10 世纪末，地方人士的不满之声果然高涨。他们的不满集中到一国专制君主般的国司身上，集体进京向朝廷控告国司恶政。这就是"上告国司苛政"。

上告国司苛政的最早例子是天延二年（974）"尾张国郡司百姓等"控告国司藤原连贞的非法行径，仅留于史料上的记载就可确认 20 多件。其中最有名的是"尾张国郡司百姓等"控告国司藤原元命的事件。元命在宽和二年（986）获任尾张守，赴任三年左右的永延二年（988）十一月，尾张国民众以郡司为首，进京控告元命的不法行为，请求罢免其官职。此处的"百姓"并不是后世的农民之意，而是指全体被统治者。

藤原元命被告发的不法行为达 31 条。比如元命在检田时高估田地产出以课征高税，又低估百姓代米缴纳的绢而增税。他虽然向朝廷报告支出了驿馆的经费、驿卒的伙食、修理池渠的费用、修理遭火灾的国分尼寺的费用等，但其实并未支付。他还征收规定以外的麦、漆，强逼民众过分接待，假公济私地差人运送物品至其京都府邸。元命带来的子弟、随从也一样恶劣。另外他身为尾张国司却平日住在京都，对郡司、百姓的上告不闻不问，且隐瞒不利于自己的中央命令。

朝廷受理了尾张百姓的上诉，停止了藤原元命的国司一职。我们不知道元命后来如何，据名古屋市鸣海町如意寺传下的《蛤地藏缘起》（尾州鸣海地藏缘起），他失业之后在京都东寺门口乞讨，最终饿死。但实际上元命在国司解职六年后依然保有官僚身份，子孙也作为受领之家而延续，则这一事件尚未构成致命过失。

第三章

中世的胎动

1 藤原赖通的时代

武士团与军事贵族的形成

在摄关政治的时代，武士团诞生。武士团的形成是本书无法处理的庞大题目，但它与后来庄园的历史密切相关，此处就只归纳一下重点。

律令国家设立了卫士府、卫门府、兵卫府、近卫府这四个负责军事的机构，将从农民中征募的兵丁配属到各国的军团、九州大宰府、东北镇守府等处。但紧张的国际关系缓和后，兵役停止，各国的军团也在事实上被废止了。

但与裁军事与愿违的是，在相当于今天关东地区的坂东诸国（东国），9世纪之后被称作"傩马之党"的盗贼团肆虐，治安陷于崩溃。"傩马"是租借马匹之意，指的是承包用马、船向都城运送调庸物的工作。从事此事的是前章提及的富豪阶层及没落的旧郡司阶层，他们反抗国衙严苛收税，巧妙操纵马、船袭击运送调庸物的队伍。这种状况被称作"群盗蜂起"。

为了镇压群盗，东国的国司从虾夷那里学习骑乘之术，重建、强化军团，同时招抚部分化为群盗的富豪层，将之纳入军团之中。有些国司在四年任期结束后不再回到京都，而是收罗大批随从，将关东的荒莽原野开发为水田旱地，成为扎根地方的贵族。

其中的代表是 9 世纪末担任上总介（上总国实质的长官），任满之后扎根此地的平高望。他是桓武天皇的曾孙（一说是孙子），降为臣籍后获得平姓。高望来往于常陆、下总、上总等地，娶了地方豪强的女儿为妻，生下来的儿子在各地建立据点。这些子孙作为私营田领主开发了广大荒原而致富，同时武装抵抗其他强势者及国衙的侵略，成为武士团。

平将门之乱就起于桓武平氏一族的内斗。出生下总国的平将门为争夺父亲遗产而杀死伯父平国香等人，并介入武藏国国司、郡司间的争斗，被武藏介源经基告发谋反。谋反的嫌疑虽得摆脱，但他又涉足常陆国司与当地人士的纷争，天庆二年（939）袭击了常陆国府，以此为开端占据了坂东八国的国府并自称新皇，但旋即遭到国香之子平贞盛与下野国豪族藤原秀乡讨伐而授首。

平将门之乱的同一时期，濑户内海爆发了藤原纯友之乱，朝廷落入东西叛乱夹击之境，但因小野好古和源经基的奋战，此乱也被镇压了。

朝廷采取对策以免此类事态重现。在摄关政治之下，特定门第世袭特定职务的家职化发展。家职化违背了律令制根基的官僚制理念，但世袭也有利于汇集职务知识与人才。朝廷吸取将门、纯友之乱的教训，设置了以军事为家职的贵族，起用了平乱有功的源经基、平贞盛、藤原秀乡。这样，清和源氏、桓武平氏、秀乡流藤原氏这些军事贵族就此诞生。

不过 10—11 世纪的军事贵族只是四至五位的中级贵族，只是摄关家的门卫一般。军事贵族攀上执政之位尚是痴人说梦，把庄园当作恩赏品处置则更是谁也想象不到的事情。

新村落的出现

如前章所述，10 世纪极度干燥的气候对水稻种植带来了严酷考验，许多古代村落消亡不见。10 世纪末降水量回升后又引起洪水，11 世纪初期气候又转为高温、干燥，洪旱交替袭来。但是到了 11 世纪 50 年代，降水量稳定到适当的水准，年度变化也缩小，洪涝旱灾的记录显著减少（图 4）。

在 11 世纪中叶以后比较安定的气候之下，农业经营也有好转。此前即便耗费莫大劳力开发出田地，或瞬间被洪水冲走，或因旱魃而颗粒无收，农民或是逃亡或是死绝，农业经营多以徒劳告终。如今稳定维持新开发田地的好机会总算到来。

庄园

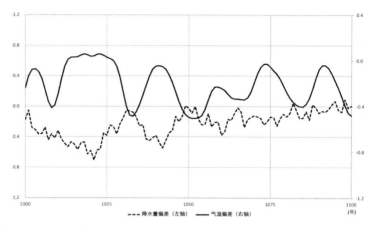

图4　11世纪的气候

考古学研究表明，虽然有地域差距，但大致11世纪中叶以后新村落出现。在田地遭9世纪末大洪水冲毁的长野县屋代遗址，到了一百多年后的11世纪总算重新有人居住。在长野县松本市的田川流域，移至山间地带的村落在11世纪再次迁到平原区域，出现了被视作领主馆邸的、边长达50~100米的大型建筑遗址（参见第25页）。

在大阪府箕面市的粟生间谷遗迹，胜尾寺川的台地上有10—11世纪前半叶的村落，但建筑物分散，缺乏作为村落的集中性，到11世纪中叶几乎废绝。但到了11世纪后半叶，新村落以仅剩一处的建筑群为中心出现，12—13世纪扩大到沿河的低地（低台地）。人们再次开发水田可铺展开的平原地区。

藤原赖通的政治

前章提及的上告国司苛政在各地广泛出现，仅史料中所见就每2—4年出现一起。不过这种事情在长久元年（1040）出现两起之后，仅永承七年（1052）出现一起，随后告以平息。这当然不是这一时期之后国司突然改心向善，而是朝廷推行了消除地方众人不满的改革。改革限制国司的过分权力，给予上诉苛政的发起者，即地方豪强以新的利权，推动其参与开发农地及国衙运营。

11世纪中叶的政治改革内容众多。朝廷制定了限制国司的课税裁量权的《公田官物率法》，颁布了意在整理国免庄的庄园整理令，引入新的开发促进政策"别名制"（后述），而别名制又带来了郡乡制改编（参见第61页）等。10世纪后半叶开始在厅官人（后述）成长，职务、土地权利之世袭权的"职"形成。与之相伴，在11世纪中叶，担负下个时代的新生地方豪族在地领主（也称"开发领主"）孕育而生。

这一时期的政界主导者是藤原道长之子藤原赖通。他在后一条、后朱雀、后冷泉三朝担任摄政和关白，从宽仁元年（1017）26岁就任摄政开始主掌朝政达半个世纪，至治历四年（1068）引退。因为摄关政治终结于赖通的时代，历史对他的评价并不高，但他可谓是解决摄关政治困局，寻找下一个时代前进方向的政治家。

公田官物率法

12世纪中叶，因成为上诉国司苛政的原因，朝廷削弱了国司在课税上的裁量权，使他们不能随便变更官物税率。这被称作"公田官物率法"。新的税率根据诸国实际情况决定，新任国司接受当地官吏的报告。比如伊贺国每反田的官物是实物稻米三斗、以绢代缴的准米一斗七升八合、油一合，出举利息则为现稻一束、颖（稻穗）二束。

税目与种类也得以简化。以往的官物是租、庸、调、中男作物、交易杂物等的总称，这些税目都留了下来，在伊贺国，米之外还需缴纳绢、红花、纸、芝麻油、鹿皮等多种物品。但是官物率法制定之际，所缴物品就集中为米、绢、油三项，庸、调、中男作物等形式上的区分也就消失了。部分临时杂税也被摊入官物之中，剩余部分被称为"杂公事"。律令制的残留从税收名目中消失，中世式的年贡、公事体系从此诞生。

庄园整理令与一国平均役

朝廷在长久元年（1040）、宽德二年（1045）连续发布庄园整理令。长久年间的整理令废止现任国司任期中设立的国免庄，宽德年间的整理令则废止前任、现任国司所立的国免庄，违背命令的国司将被罢免且永不叙用。

朝廷发布这两个法令的直接原因，是筹措资金重建长历三年（1039）毁于火灾的内里（皇居）。当时朝廷推行的制度是"国宛"，即将土木公事的费用摊派给指定的几个国。这大概像今天日本政府把建造国立竞技场的费用摊给爱知县、静冈县一样。

受命国宛的国司必须加收官物、赋课临时杂役以筹集必需物资，但获得官物、临时杂役减免的庄园越多，这些负担就要殃及公领百姓，难保不引发苛政上诉。实际上，当时甚至出现了不惜赔上职业生涯也要辞退国宛的国司。庄园整理令给了国司停废庄园的名分，带有帮忙筹集国宛的意义。

朝廷也引入了新的制度，即在庄园数量增加的情况下也能筹措国宛费用的"一国平均役"。这是受命国宛的国司向中央政府申请，获允在官物、临时杂役之外别设科目，对庄园、公领同等征收的制度。当然，庄园领主也可游说中央政府来豁免一国平均役，但这时交涉的舞台仍转移到了中央。

一国平均役虽以各个国为单位征课，但后来就以日本全国为对象，变成筹措建造皇宫、天皇即位典礼、举行大尝会、伊势神宫迁宫等国家事业所需费用的手段。此处也开启了关关联到中世的制度。

2　在地领主的诞生

在厅官人的形成

此时，律令制下的地方行政机构国衙的运作方式也发生了改变。在 10 纪后半叶开始的地方社会，负责国衙实务的人员开始成长起来，被称作"在厅官人"。

摄关时期的国衙吸收了律令制下的郡的权限，对一国进行集中管理。为此国衙之中出现了各种专署的"所"，协助受领国司处理纷繁复杂的工作。比如负责税务征收、出纳、管理的税所与调所，管理田地账册的田所，管理军事的健儿所，管马的厩所，制作、筹集上交给中央政府等处之物品的细工所、膳所等。顺带一提，笔者毕业于名古屋市立御器所小学，那一带大概就有尾张国衙生产陶器的部门（一说是制作献纳给热田神宫的陶器的场所）。国司任命地方豪右为这些"所"的官吏。他们就是在厅官人。

受领起初让自己带来的随从负责征税等业务，但像藤原元命那样，这些随从常常与地方闹出摩擦（参见第 46—47 页）。对于国司而言，较之因苛政上诉而在任期之中被罢官，将业务委托给各种"所"，由扎根地方的豪强这类在厅官人负责，则自己的工作会变得更轻松，也不会与地方冲突，可以说是一石二鸟之策。

在厅官人负责国衙运营的状态固定下来后，国司就没有必要赴任，而是派被称作"目代"的代理前去任国，自己继续在京都生活。这称作"遥任"。国司遥任时的国衙称作"留守所"。国司通过向目代送去"厅宣"这一命令文书指挥留守所，但国衙行政实质上是由在厅官人处理了。

别名制的导入

11 世纪中期，朝廷在土地制度上也做出了重要的政策转换，其核心是导入了别名制。这是国衙将土地的管理权、征税权交给重新开发公领的豪强，由他们不经郡乡而直接向国衙纳税的制度。"别名"意指获得国衙的特别命令（别符）的名田，别府温泉等日本各地的"别府"这一地名，都是过去存有别名的地方吧。

与别名同类的还有"保"。国司不仅可以对其征收土地税，还能向保内住户征收在家役（对住宅及附属旱地课征的税），经常在分摊向权门缴纳物品的便补中设立。此外，当时还有郡内单独的征税单位"院"。律令制度之下，郡下面的行政单位乡也具备了别名的性质。在此，保、院、乡属于广义的别名。

别名的领主收到国衙的文书，特权得到认可。此前私领的权利脆弱，一时荒废或者拖欠税物就有被没收之忧，但别名很少有这种危险。别名免缴三年内的官物、杂公事，其后享免杂公事，官物也可减免。

与此相对，别名的领主担负该土地的劝农之责。劝农指的是维护农业基建以及农业经营中的管理、支持事宜，比如整修耕地、灌溉水渠，召集耕作农民，分配给农民耕作地，借给他们种子、农料，在插秧、收割之际集中调整劳动人手等。这些工作过去由郡司、古代村落负责，摄关时期由国司、田堵、私领主继承，但国司每四年更迭，田堵、私领主也难保五年之后还在同一块地经营农业。与之相对，别名领主获得了安定的权利，就能在更长远的打算下实施劝农。

摄关政治时期的地方社会是不安定的竞争社会，国司以减免赋税为饵，使人竞相开发荒废土地，结果出现田堵、私领主故意抛荒耕地，以求再开发时减免税负这种本末倒置之事。引入别名制具有改正过度竞争之弊病，培育可安定维护农业基础之负责人的意义。

别名的开发

作为别名开发的具体例子，我们来看看播磨国久富保（兵库县相生市）。此地开发者是拥有国司三等官之大掾官职的在厅官人秦为辰。延久三年（1071），他向播磨国留守所请求确认他对久富保的房屋、旱地、桑园、苎麻园的持有权。桑叶用来养蚕，苎麻是麻布的原料。据为辰所说，这些土地是他交给仆从重藤耕作的，重藤死后，有个叫掾分王的人主张权利，割取桑叶、苎麻。

四年后的承保二年三月十八日（1075 年 4 月 12 日），兼任赤穗郡司的秦为辰请求国衙许可他为开发久富保田地而动员郡内人夫。久富保的灌溉水渠年久失修，已经荒废，修缮需要很多人手，靠为辰自己的力量难以实施。他动员郡内人力开发私领似乎是公私不分，但因为是在厅官人，所以行得通。

一个多月后的四月二十八日，秦为辰很快在久富保内"步危上""步危下"两地开发出 50 町水田，其中 5 町 2 反已经着手耕作。从三月二十日至此日，秦为辰吃住都在灌溉水渠的施工现场，使用总计 5000 名人夫，修凿了从取水口到田地长达 30 町（约 3.3 公里）的水渠。这一水渠横穿山谷、河流，工程相当困难，其中铺设土水管 5 处、木水管 5 反（约 55 米），削掉山角 2 町余（约 220 米），开岩之处也长达 5 反多。因此开发之功，国衙认可秦为辰对灌溉水渠及田地的持有权。

田地开辟后的 3 年间免缴官物，4 年后国衙的征税使首次前往当地。此时水渠损坏致使歉收，但为辰缴纳官物，继续享有 30 町田地的持有权。以往私领一荒废就会被没收，但别名可以继续维持。20 年后的承德二年（1098），秦为辰将久富保的公文职、重次名的地主职让给了儿子秦为包（关于"职"的含义后文叙述）。久富保成了可以子孙相传的资产。

在伊贺国，过去是藤原实远之私领的篠濑村，也在治历二年（1066）由丈部为延承包下来重新开发，17 町水田在 20 多年后扩大为 80 町水旱田。丈部氏被任命为名张郡司，组织跟随他开发土地的住民，成了地方豪强。

在厅官人的别名

引入别名制不一定伴随着开发，国衙可将在厅官人从农民那里购买的土地定为别名，也会为国衙诸所的运营及官吏的俸禄而设置别名。

比如若狭国有一处大规模别名叫作今富名（后来的今富庄），归负责国衙征税的税所掌握。根据镰仓时代的账簿，今富名以国府所在的远敷郡的 37 町 5 反田地为中心，领有横跨若狭国全部三郡的 55 町多田地。这其中包含了在厅时定给 7 町、在厅时继给 3 町、在厅时方给 3 町这类在厅官人的俸禄田地。室町时代以小浜凑为据点的问丸，即运输、仓储从业者状告税所今富名的代官的记录传于后世，可知税所似乎还负责向港口使用者收取"津料"。

顺便一说，中世的小浜凑作为日本海一侧最大港湾而繁荣，室町时代的应永十五年（1408），来自印度尼西亚巨港（苏门答腊岛东部的河港城市）的南蛮船贡献方物。船上有贵人"亚烈进卿"[1]向日本赠送的黑象一头、孔雀两对、凤头鹦鹉两对等礼品。一个月后大象抵达京都，被献给将军足利义持。四年后也有两艘南蛮船来到此地。

税所之外，若狭国还有细工保、御厩名、杂色名、国掌名、织手名等冠有国衙之所名称的别名。别名不仅促进了国内的开发，在确保在厅官人利权方面也是恰当的制度。

郡乡制的改编

随着别名制的广泛设立，日本国内的统治形态也为之一

1　亚烈进卿被比定为曾被明朝封为旧港宣慰使的华侨首领施进卿。——译注

变。日本的律令制是国下设郡、郡下设里，但后来郡、里之间置乡，里被废止后就变成国、郡、乡三级。乡置乡长，从农民中选任，以辅助郡司业务。

然而新设立的别名、保、院等的领主不经郡、乡而直接向国衙纳税。国衙也在乡里任命乡司，令其不通过郡而直接向国衙纳税，有时国衙也设立新的乡。这样一来，郡只剩下别名、乡以外的领域，变成仅仅与别名、乡同级的征税单位。

于是 11 世纪中叶以后的公领就变成了郡、乡、别名、保、院等各种征税单位直属于国衙的结构。这一变化称作"郡乡制的改编"。

比如若狭国由远敷郡、大饭郡和三方郡构成，远敷郡有 12 乡，大饭郡有 4 乡，三方郡有 5 乡。但郡乡制改编之后，远敷郡富田乡（田地 128 町 7 反）里的今富名（24 町 7 反）、常满保（21 町 4 反）等 17 处别名占了乡中田地的 70%，留给乡的只剩 30%。同郡志万乡（田地 139 町 5 反）也有今富名（6 町 7 反）、开发保（15 町 8 反）等 20 处别名，同样占全乡田地的 70%。

"职"的形成

前文提到，在厅官人秦为辰将自己开发的久富保的公文职、重次名的地主职让给了儿子。这里作为转让物而举出的"××职"具有重要意义。"职"是摄关时期发展的职务世袭所产生的权利形态，是私法、公法两个世界浑为一体之物。毫不夸张地说，日本的中世社会就是由职构成的社会。

职之初见，是天庆九年（946）的掌山（山预）职。针对伊贺国公领之民进入伊势神宫领内的名张山伐采树木，并担任掌山一职的情况，神宫属民请求神宫任命自古以来就向神宫献纳御膳（供品）的神民（服务神社的居民）子弟担任掌山职。另外，正历元年（990），在宫中担任采女的某位女性凭其35年业绩，请求将采女职传给侄女；天喜元年（1053），藤原赖方以安艺国高田郡的郡司职乃先祖代代相传之物而获得此职。

当时赐给位阶、任命官职被称作"补任"，但在选择某职位后任者之际，获选者可要求世袭此职务。能够世袭的职务称作"职"。为了和一般的职区别，它也称作"所职"。所职包括应尽的职责与称作"得分"的收入。职的所有者怠慢应尽职责，则该职被没收而给予他人也不可提出异议，犯了谋反等大罪时所职也会被没收，但除去这些，所职就能成为家产传给子孙。不过职的继承之际，形式上仍需要由任命权所有者予以补任。

在地领主的形成

11世纪中叶以后，前述在厅官人的形成、别名制的导入、职的形成等社会、制度变化综合起来，使得地方社会出现了新的豪强阶层。这就是在地领主。它以在厅官人为核心，也包括别名的领主、庄园的庄官等。

　　11 世纪中叶的改革限制了国司随心所欲地课税，通过导入别名制也设定了稳定的开发领域，而参与开发的在厅官人代替了国司，开始负责国衙的运营。他们由此获得的地位和权益可作为职传给子孙。换句话说，兼备以下三点的地方豪族诞生：运营国衙、治理郡乡的政治力，通过开发别名等获得的经济力，累代继承前两者之名士的名望力。他们肩负起了下一个时代。

　　前述秦为辰是与国衙结合的在地领主之例，而在庄园里也可看到在地领主的形成。比如 11 世纪中叶东大寺领美浓国大井庄（岐阜县大垣市），下司（管理当地的庄官）桑名氏与庄司大中臣氏在庄园之外开发私领，并将其纳入庄内以确保权利。结果，大井庄较之古代范围而扩大了将近 4 倍。桑名氏后来没落，但大中臣氏作为拥有石包名这片 55 町 5 反田地的下司，君临大井庄。

　　虽说在地领主是"在地"即地方领主，但他们也不完全依赖地方。在厅官人多是随受领而下乡的京都中下级贵族后裔，在确立地方豪族地位后也没有舍弃在中央的据点。运气好的话，一族有可能复归中央官僚之列，就任受领等职。他们和中央贵族也结成主从关系，在此方面与中央建立起联系。在地领主与京都贵族社会的密切关系，构成了日本中世社会有异于西欧等其他地区中世纪社会的一大特征。

　　另外，我们也不能过度评价摄关时期在地领主的实力。尽管在厅官人在实质上负责国衙行政，但决定权仍在国司手中。别名说到底仍是国衙领，认可权由国司掌握。庄园也经常受到国衙的干涉。在地领主要继续成长，就必须有某种契机来去掉这些枷锁。

第四章

院政与领域型庄园

1　院政的开端

后三条天皇与《延久庄园整理令》

　　藤原赖通有六个儿子但只有一个女儿，这个女儿成为后冷泉天皇的皇后之后也没能生下皇子。后冷泉天皇治历四年（1068）驾崩后，皇太弟后三条天皇即位。后三条天皇的母亲是三条天皇的女儿，所以自宇多天皇以来170年里首次出现了藤原氏不是外戚的天皇。藤原赖通将关白一职让给弟弟教通，退隐到宇治。

　　即位时已经35岁的后三条天皇，提拔了出身学者家门且被誉为神童的大江匡房，担任过受领而熟知地方情况的藤原实政、藤原为房等中级贵族以重整朝廷。顺带一提，大江匡房就是前文提到的大江匡衡的曾孙。

天皇首先着手的是重建大内里，即皇居与中央官衙的建筑群。费用以诸国国司承担的国宛方式筹措，就像 30 年前的《长久庄园整理令》一样，整理妨碍筹措造营费用之庄园的命令也在延久元年（1069）发布。这就是《延久庄园整理令》。

在此之前朝廷数度发布庄园整理令，但实际效果并没有起色。原因是具体执行的工作被交给国司，而他们难以对掌握人事权的贵族的庄园下达不利判断。后三条天皇为了克服这个问题，在相当于今天内阁的太政官之下设立了记录庄园券契所（记录所），不由国司而由中央政府直接负责整理庄园的实务。朝廷命令庄园领主向该机构提交文书凭证，并从国司处听取实际情况，以天皇的名义判断庄园的存废。统括记录所事务的辨官由大江匡房担任。

《延久庄园整理令》的内容

《延久庄园整理令》废止满足以下任意一条的庄园：一、上次颁布整理令之后，即宽德二年（1045）以后的新立庄园；二、将狭小贫瘠的土地换为广阔土地的庄园；三、偷占公领而耕作的庄园；四、没有指定土地场所的浮免庄园；五、领有文书不明确的庄园；六、妨碍国衙政务的庄园。内容本身与以往的整理令区别不大，但此次的特色在于排除了贵族、大寺社等的干涉，得到彻底实施。

我们来看一下适用案例。石清水八幡宫领丹波国安田园有免田 10 町、寄人 20 人，其后在长元八年（1035）追加 10 町免田、治历二年（1066）增加 20 町免田。根据规定一，最后这 20町免田被废止；同宫领有的河内国九个所，被认定为擅自称公田为免田而不纳官物，涉及规定三而遭废止；同宫领和泉国放生米代庄，是和泉国司为支付向石清水八幡宫缴纳的放生米（放生会的经费），以 40 町浮免田作为便补而成立的庄园，因规定四而被停废，由国司交纳放生米；同宫领河内国大地庄在长保年间（999—1004）获许设置的免田之外的新免田，因规定五被停废。另外，摄关家领有的上野国土井庄虽有宽德二年以前的文书凭证，但因拖欠官物，触犯规定六而被停废。这次庄园整理连最高级贵族的摄关家的庄园也予适用。

在《延久庄园整理令》之下，记录庄园券契所排除了权门的干涉，基于庄园的权利文书有无、国司与庄园领主间的纷争判断，半机械性地决定庄园的存废。获许延续的庄园，水旱田地也多缩减到证据文书中记载的规模。记录庄园券契所的决定具备强大的约束力，明确了在摄关时期时常游移不定的庄园与公领的界线。

通过《延久庄园整理令》，庄园的存废不再取决于与四年交替一次的国司之间的烦琐交涉，而是由记录庄园券契所进行事务性判断。在地方上，公领之中也引入别名制，期望能够自由开发田地、安定领有土地的在地领主勃兴。《延久庄园整理令》的目的就是将他们纳入太政官—国衙这一国家框架下掌握，而不是让其处于庄园制度之中。

《延久庄园整理令》的后门

《延久庄园整理令》排除权门干涉、整理了庄园。但在镰仓时代初期，出身摄关家的高僧慈圆在其著作《愚管抄》中，记下了后三条天皇与藤原赖通有以下交流：

后三条天皇要求赖通提交所领庄园的文契，赖通回答说："臣只是在长期辅佐天皇之时接受了各地领主为结交关系而捐赠的庄园，没有什么文契。这些庄园中若有不当或来路不明的，陛下无须顾虑。庄园整理的工作本应由臣带头来做，这些应该全部予以停废。"天皇听后反倒有所顾虑，将赖通的庄园列于整理对象之外。

不过上野国土井庄虽属摄关家领也遭到停废，则这个情节应是虚构吧。实际上摄关家被动接受捐赠的庄园也成为整理对象，不过藤原赖通设立的庄园未被停废。赖通在永承七年（1052）于宇治的别庄建造了平等院，翌年建造了以"凤凰堂"之名为人所知的阿弥陀堂。治历三年（1067）后冷泉天皇行幸平等院，捐赠3000户封户，赖通以此为基础，在退隐之前的治历五年（1069）三月末向太政官申请平等院领九所庄园的不输不入特权并获得许可。

这明显违反了《延久庄园整理令》的规定一，但可认为这是由前天皇、关白特别设立的庄园，不属于记录所审理的对象。

根据镰仓初期的故事集《古事谈》所传，赖通听说国司的使臣要去调查平等院，于是悉心准备接待，结果使臣吓得不敢去。也许赖通早就料到后三条天皇即位后就会整理庄园，故在后冷泉生前就做了布置，以保护摄关家领的核心部分。

平等院领庄园的成立过程显示，若有高于下设记录庄园券契所的太政官的上位权力，即天皇、上皇及摄政、关白的明确意思，就能够回避庄园整理令。实际上也有史料表明，即便是宽德二年以后的新立庄园，因有"强缘"（与权力者密切相关之故）也得以认可（《长秋记》"天承元年八月十九日"条）。

讽刺的是，这样《延久庄园整理令》就和当初的政策意图相反，反而推动庄园走向由超越太政官的上皇、摄关授予特权而设立的领域型庄园。

白河上皇的院政

后三条天皇让位给长子白河天皇后成为上皇，之后留下让次子实仁、三子辅仁依次继承皇位的遗言而驾崩。但白河天皇违反遗命，在实仁去世后的应德三年（1086）让位给皇子堀河天皇。堀河即位时仅八岁，因此由父亲白河上皇辅佐政务。院政时代从此开始。

院政虽始于极其个人性的原因，但历史的偶然让院政固定下来。随着堀河天皇的成长，上皇辅佐的必要性日益淡薄，但堀河天皇在嘉承二年（1107）驾崩，年仅五岁的鸟羽天皇即位，祖父白河上皇真正掌控政务。如果鸟羽夭折，辅仁亲王可能获得皇位，但醍醐寺僧人仁宽暗杀天皇的图谋暴露，卷入其中的辅仁虽无辜但仍下台出局。这样一来，白河上皇的权力便固若磐石，鸟羽天皇长大后将皇位让给了年仅五岁的崇德天皇。于是白河上皇自延久四年（1072）即位至大治四年（1129）驾崩，掌握政务实权长达半个多世纪。

白河上皇起用后三条天皇的近臣大江匡房、藤原为房及其子显隆、上皇乳母之子藤原显季等中级贵族，命其担任被称为"院近臣"的近幸。藤原显隆作为"夜之关白"执掌政务牛耳，藤原显季年纪轻轻就历任大国受领。

在院政之下，以太政官为顶点的官僚机构虽得以保留，但白河上皇掌握人事权而操纵官僚机构，对重要事项发出指示。随着院政的固定，皇室的家长变成上皇，天皇的即位、退位都由上皇决定。同时存在几名上皇时，被称作"治天之君"的首席上皇（没有上皇时则为天皇）执掌全权。这种中世性质的皇室也被称为"王家"，不过本书仍称"天皇家"。

永长大田乐

院政开始十年后的永长元年（1096），世间出现了称作"永长大田乐"的骚动。起源于插秧等时候举行的歌舞、后来成为能乐源流之一的田乐，在都城异常流行。从此年五月前后，京都之人下到庶民上到贵族都身着奇装异服聚拢在一起，吹笛敲鼓打着籲等，跳着田乐舞在都城大道上游行。看到这个情形的大江匡房以"一城之人皆若狂"作评。

七月十二日，殿上人（三位以上以及部分四至五位贵族）在白河上皇的御所表演田乐。担任天皇秘书官的藏人藤原成宗扮演指挥插秧的田主，其他贵族也只围一条内裙扮作农民跳至天亮。上级贵族不再不食人间烟火的时代就此到来。其他贵族的馆邸以及官衙也上演田乐，在千村万落举办田乐的农民被招来，并一起参拜神社。

关于日本中世起于何时一直有争论，近年以院政开始为分水岭的观点变得强力。明治维新前一年（1867），神社寺院的符札从天而降，人们疯狂舞蹈的"不是很好吗"（ええじゃないか）运动爆发，则永长大田乐是否也是时代变迁之际出现的集体狂热呢？

建造御愿寺

院政时代也是土木建设热潮的时代。主要项目是上皇、天皇及后妃作为愿主而建设的寺院，也即御愿寺。承保二年（1075）开始，白河天皇在平安京东北、鸭川对岸的白河之地建造法胜寺。两年后，立有三丈二尺（9.6米）毗卢遮那佛等的正殿、讲经堂和阿弥陀堂等建筑完工；永保三年（1083），他命人在正殿南面的池中岛建造巨大的八角九重塔，安置大日如来等。[1] 该塔高达 81 米，相当于 20~27 层高的建筑，是现存木造建筑中最高的东寺五重塔的 1.5 倍，八角九重的形制在日本的寺院建筑史上也是空前绝后之举。白河天皇就是喜欢这种风格的人。之后白河上皇在法胜寺西侧建造了称作"白河北殿"的御所，作为政治据点。

法胜寺之后，堀河天皇的尊胜寺、鸟羽天皇的最胜寺、鸟羽天皇皇妃待贤门院璋子的圆胜寺、崇德天皇的成胜寺等皆在白河之地耸立，因寺名都带"胜"字，故被总称为"六胜寺"。

白河上皇又为早逝的宠妃中宫贤子之冥福而建造圆光院，为夭折的爱女郁芳门院建造无量光院、六条院御堂。鸟羽上皇也在白河之地建造宝庄严院，安置九体阿弥陀佛像，并依次建造了后述的安乐寿院、胜光明院、金刚心院等御堂。

这些御愿寺基本没有专属僧侣，而是从仁和寺、东寺、延历寺、园城寺、东大寺等大寺院招来僧侣举办法会。法会盛大，参加这些法会也成为僧侣的晋升路径。伽蓝、法会的性质带有强烈的密教风格，白河上皇、鸟羽上皇均出家成为法皇，则御愿寺是新兴政治形式院政以佛教强化权威的场所。

建设御愿寺的费用，主要靠院近臣捐献私财的成功制度[2]，

1　毗卢遮那佛与大日如来是同一佛，但不同佛教派别对它的称呼不同。此处白河天皇命人在金堂安置以毗卢遮那佛为中心的胎藏界五佛，在八角九重塔中安置以大日如来为中心的金刚界五佛。——编注

2　平安时代的卖官制度。朝廷向献上私财，使造营等事得以功成之人授予官职。——译注

以及将负担摊派给诸国的国宛来筹集，但这些收入不足以负担寺院维持及法会费用。白河天皇向法胜寺捐赠封户1500户，但国衙没有余裕设定新的封户，封户就变成了便补的庄园。于是御愿寺花费的巨额经费就靠庄园支撑，庄园的形式也变成了下节所述的模式。

2　领域型庄园的设立

何谓领域型庄园？

如前章所述，在11世纪中叶的地方社会出现了新的地方豪族在地领主。别名制的导入促进了在地领主的成长，但这仍属于公领制度，原则上只以水旱田地为单位。但在院政时期，在地领主获得包含山野在内的领域内开发、经营之权，可自由经营的庄园由此诞生。这就是领域型庄园。

白河上皇继承了后三条天皇的整理庄园政策，在亲政、院政时代四次发布庄园整理令。文书凭证不完备的国免庄因此被全部废止。但另一方面，因堀河天皇梦中得到神示，白河上皇在宽治四年（1090）向贺茂别雷神社（上贺茂神社）、贺茂御祖神社（下鸭神社）各捐赠600多町不输租田。以此为开端，他新设许多庄园作为自己建立的御愿寺的所领。

这些庄园获得了史无前例的特权。摄关时期的免田型庄园多是由免田以及标出东西南北四至而划分出的预备开发地构成，在预备开发地上开发的新田虽能获得私有权认可，但按公领同等课税。为了规避这一点，庄园领主必须从太政官处获得不入之权以拒绝国衙的检田使进入。这种许可并不能简单获得。但是白河上皇设立的庄园是根据服务上皇的院厅这一官署的命令所设，一开始就获得了庄园四至内的不输不入权。换句话说，四至的意义从预备开发地的边界变成了支配领域的边界。这就是"领域型庄园"这个术语的由来。获准不输不入之权所必要的太政官许可沦为形式，有时也被省略了。

摄关家也与天皇家一起设立领域免田型庄园。院政的出现削弱了摄关家的政治力，但他们依然世袭摄政、关白之位，其下有大群贵族作为"家司"侍奉。院政时期，他们在摄关时期获捐的免田型庄园多被废绝，但利用嫁给上皇、天皇的女儿的权威，以及司掌其家政的摄关家政所的命令等，在各地设立了领域型庄园。

知行国制度的导入

摄关时期经常干涉庄园的受领国司、国衙对设立领域型庄园的容忍，也影响到了院政时期扩张的知行国制度。知行国制是将特定国的税收作为报酬赐予皇族、贵族、寺社的制度，拥有知行国的知国主获得了该国国司的推荐权。

原本皇族、上级贵族因"太过高贵"而无法担任四、五位之职的受领国司，也就不能跳过太政官及八省而直接涉及地方行政，但在知行国，这些就成为可能。知行国主任命子弟、家臣为国司以掌握国务，任命子弟、家臣为郡司、乡司并授予其郡乡支配权和权益。这些郡乡整体变身为庄园，一些郡司、乡司也就平移成庄园的下司。

白河上皇拥有的知行国达24国，命院近臣交替就任国守，掌握国务。摄关家也同时拥有两三个知行国。只要皇族、上级贵族层面在设立领域型庄园上达成共识，知行国主就可命令国衙停止干涉。

白河上皇设立庄园

我们具体看一看白河上皇设立庄园的经过吧。应德元年（1084），28岁的中宫贤子逝世。为了这位最爱妃子的冥福，白河天皇在上醍醐之地建造了圆光院。为筹集寺院经费，他在1085年设立了近江国柏原庄（滋贺县米原市）。柏原庄以进献给贤子的源盛清私领为基础，以太政官之命确立了免田数额及四至，并获得了不输不入权。这是按照往常的手续设立的。

但仅靠柏原庄还不足以负担经费，第二年白河上皇又设立了越前国牛原庄（福井县大野市）。此庄园的核心部分是东大寺僧侣忠范进赠给贤子生父源显房的越前国私领70町土地，接受上皇旨意的越前国国司以此私领为核心，确立了200多町田地的边界并竖立标识（表示边界的木牌、石柱），划定了庄园领域。忠范被任命为庄园下司，招募浮浪之人（参见第27页）开发。设立此庄没有经过太政官的许可，先确定200町这一数字后再决定场所的方式是完完全全的特例。

贤子所生、最受宠爱的皇女郁芳门院也在永长元年（1096）先一步离世。为了祈祷其冥福，白河上皇同样在上醍醐地区建造无量光院，为筹集经费而设立了肥后国山鹿庄（熊本县山鹿市）。郁芳门院的侍女汇集出羽权守能辅的私领，此庄就以之为核心，圈占了水田500町、旱地200町的广大领域。这一领域包括公领乃至其他庄园。

白河上皇为避免皇位继承纷争，让两名皇子出家以取消其继承权。这两人虽是僧侣但获得允许使用"亲王"称号的敕旨，保持皇族身份（称作"法亲王"），并得到广大庄园。进入仁和寺的觉法法亲王所获得的阿波国篠原庄（德岛县德岛市南部），以关白藤原教通（赖通之弟）捐赠给仁和寺的免田37町为核心，在天永元年（1110）扩张成水旱田地、山野合计1500町的领域。

给予在地领主的恩惠

我们从在地领主的角度来看一看领域型庄园的设立。比如计算出为充御愿寺经费而需要200町田地的庄园后，院近臣便利用自己的人脉，收集在地领主持有的20町免田的权利文书（这称作"寻券契"），之后将180町田地当作它附带的边界来处理。没有免田就无从设立庄园，但四至可以随意扩张。领域型庄园一开始就获享不输不入之权，所以四至之内可自由处理。捐赠 20 町免田的在地领主被任命为该庄园的庄官，化身管理 200 町田地的大领主。由此可知，领域型庄园的设立给在地领主带来了巨大利权。

不过，作为"荒野"处理的四至实际上并不是未经开发的荒野，很多时候也包含了国衙管理的公领，以及持有者不同的私领。国衙、私领主不会简单放弃权利，但庄官会与其约定，从这些田地里征收官物、地子并交给国衙、私领主。这类土地称作"加纳"。不过，官物会被减免，与私领主的约定也未必会被遵守。

这种戏法如何得以实现？仅以院政的强权不足以说明，我们只能认为当时的社会具有接纳领域型庄园设立的基础。摄关时期，私领的开发与收公、免田的批准与除名反复进行，所有者及税负不同的水旱田地犬牙交错。与之相对，领域型庄园四至之内的新田不会被课税，田地荒废也不会导致所有权被收回，在地领主可以带着长期展望经营这里。

公领里的别名、郡乡依旧存续，也仍是在地领主的据点，但领域型庄园的设立加速了在地领主发展。以别名为核心而设立的庄园也为数不少。

在地领主的宅邸

考古学的研究也发现，12 世纪后半期，村落中出现超常的大型宅邸的事例增多，从中可窥见在地领主的成长。冈山县镜野町的久田原遗迹群有 6 个小村落，构成村落的建筑物多占地 80 平方米左右，但 12 世纪后半期，某一村落出现了独特的建筑物，比如以占地 133.8 平方米的大型建筑物为主屋，且具备许多锻冶炉等的建筑。

三重县津市的云出岛遗迹，在 12 世纪后半期也出现了由壕沟环绕的宅邸，壕沟宽 2.5 米，深 1.5 米左右，房屋东西约 70 米，内部分作 7 个区域。此遗迹中出土了京都风格的土师器皿，推定宅邸的主人与京都关系密切。这里被定为六条院御堂领的木造庄，领家职（后述）由平氏掌握。将此建筑物视作木造庄在地领主的宅邸应无错误。

在地领主的宅邸在中世的绘卷中也有描绘。《一遍上人绘传》中描绘的筑前国武士宅邸，由板墙、树篱环绕，入口门上有望楼，内部有铺设地板的主屋、佛堂，以竹编墙隔开的区域则是马厩。《法然上人绘传》中描绘的法然的生家、押领使漆间时国的府邸是高级武士的宅院，由竹篱、树篱围绕，门上没有望楼，内部是带有寝殿式建筑那种出挑（中门廊）的主屋、马厩和附属小屋。绘卷的描绘与考古发掘成果大致对应。这种宅邸的主人就是领域型庄园当地的负责人。

重层的领主权

领域型庄园不仅依靠在地领主捐赠自己开发的免田而成立，也可由上皇、摄关家的权力来圈占以免田为核心的山野、公领等而成立。院近臣及后妃的侍女、摄关家的家司等中央贵族，成为在地领主与上皇、摄关家之间的居中联系人，并负责设立庄园的实务。因此领域型庄园中确立了这三者带来的三层领主权。

进献免田的在地领主，就任管理当地的下司等庄官。居中处理进献事务的院近臣、侍女及家司成为领家，住在京都但实质上掌控庄园。居于领家之上、保证庄园所职的所有权、免税特权的是天皇家和摄关家，称作"本家"。于是金字塔状的统治体制成立：领有数百庄园的本家是顶点，其下是支配许多庄园的领家，其下是管理庄园当地的庄官。这被称为"职的体系"。

3 巨大庄园群的形成

鸟羽院政

白河上皇大治四年（1129）驾崩，其生前确立的极大权力由 27 岁的鸟羽上皇完全继承。鸟羽上皇起用侍奉白河上皇的藤原显隆之子藤原显赖、藤原显季的孙子藤原家成等人为近臣。他也继续重用从其父辈就开始侍奉白河上皇的军事贵族平忠盛（平清盛之父）。鸟羽上皇在崇德、近卫、后白河天皇三朝掌握政权约 30 年。

白河上皇开始设立的领域型庄园，在鸟羽上皇统治下更加扩大，形成了巨大的天皇家领庄园群。摄关家也较劲一般地扩大庄园，日本约一半国土成了庄园。国衙管理下的公领依旧占了国土一半左右，但国衙的支配权被置于皇族、贵族所有的知行国制之下，则庄园成了社会制度的根干。鸟羽院政时期，日本正式进入了庄园制社会。

御愿寺的造营与庄园的设立

鸟羽上皇设立庄园的目的与白河上皇一样，也是为维持御愿寺以及筹集法会经费，但他的做法更成规模且体系化。鸟羽上皇在作为御所的京都南郊鸟羽殿内建造了安乐寿院。其中的佛堂及主塔于保延三年（1137）建立，由院近臣藤原家成负责。家成不仅建造堂舍，还倾力设立庄园以充经费。佛堂附属的庄园有伊豫国吉冈庄（1152 年立庄，田 132 町，年贡米 250 石），丰后国长野庄（1139 年立庄，田 313 町，年贡米 100 石）等十四庄，主塔附属的庄园有赞岐国多度庄（1123 年立庄，水旱田 167 町，年贡米 219 石），同国富田庄（1134 年立庄，水旱田 209 町，年贡米 100 石）等八庄。

藤原家成的近亲协助设立这些庄园，获得了这些庄园的领家职。安乐寿院佛堂领的伊豫国吉冈庄成立时，伊豫守高阶盛章是家成的妻兄弟；成为丰后国长野庄（大分县玖珠町）领家的定意的曾祖父，是家成的叔父。主塔领的赞岐国多度庄（香川县多度津町）的领家藤原实长，是家成的女婿；赞岐国富田庄（同县赞岐市）的领家三位局是高阶盛章的女儿；但马国水谷社（兵库县养父市）的领家是家成的孙媳妇。家成动员内外亲戚设立庄园，这些庄园的领家职则成为家成一族的财产。

久安三年（1147），上皇又在安乐寿院中建立无量寿院，由与家成齐名的近臣藤原显赖负责。显赖设立越中国日置庄（富山县立山町）、同国高濑庄（同县南砺市）、越前国西谷庄（福井县越前市）作为无量寿院领，其中越中国是其女婿藤原显长长期担任国司的地方，越前国也有担任国司的次子惟方。设立领域型庄园必须要先寻找在当地成为接受基础的在地领主，并得到国衙的了解，显赖通过亲属来做这些事。

久寿二年（1155），上皇在安乐寿院中建造不动堂。负责造营的是前关白藤原忠实，而他设立了年贡高达1000石的播磨国大国庄（兵库县加古川市）。摄关家参与设立上皇御愿寺的庄园似乎有些奇特，但当时藤原忠实触怒白河上皇而陷入危机，此时接近鸟羽上皇以图东山再起。安乐寿院领庄园在安元二年（1176）之际达到31处（野口华世《〈安乐寿院文书〉中所见御愿寺的构造——〈安乐寿院文书〉的翻刻及研究》及《中世前期的王家与安乐寿院——"女院领"及女院的本质》）。

与建造安乐寿院并行，永治元年（1141），以鸟羽上皇的皇妃美福门院（藤原得子）为愿主的欢喜光院在白河地区建造，附有播磨国矢野庄（后述）为首的19处庄园。鸟羽上皇也在白河建造了宝庄严院，设立了近江国三村庄（滋贺县近江八幡市）等庄园为此寺领。

八条院领与长讲堂领

保延三年（1137），鸟羽上皇与美福门院生下了皇女暲子内亲王。她受父母宠爱，同母弟弟近卫天皇早逝后，甚至说上皇要推她为女帝。鸟羽上皇在出家之际，将12处庄园及庞大的安乐寿院领让给了她。母亲美福门院去世后，也留下遗嘱将欢喜光院、弘誓院领留给她。

暲子内亲王在上皇驾崩后出家为尼，获得"八条院"的院号，自己建立了莲华心院。于是八条院就作为本家领有数个御愿寺领，八条院领在安元二年（1176）时拥有约100处庄园，承久三年（1221）膨胀到221处。作为日本最大的庄园领主，终身未婚的皇女八条院旁观保元平治之乱、源平之战、镰仓幕府建立等时代流转，除了庇护以仁王（后白河上皇皇子）子女以外没有政治上的动作，平静地活到建历元年（1211）。

另一个巨大庄园群是后白河上皇积聚起来的长讲堂领。后白河上皇与平氏等势力联手设立许多庄园，将其大半附属于长讲堂。上皇在六条西洞院的御所中的六条殿内建造此堂。

长讲堂领在建久二年（1191）达 89 处，预定收入是米 5384 石、绢织品 1216 匹（1 匹基本宽 83 厘米、长 2 米）、绢丝 4274 两（1 两约 38 克）、丝绵 20256 两、白布（麻布）2790 反，铁 10000 廷（1 廷约 2 公斤）。长讲堂领后来膨胀到 180 处。

摄关家也形成了巨大的庄园群。过去捐赠给藤原道长的庄园超过了 120 处，但大多在院政时期濒临消灭。继承摄关家的藤原忠实努力重建家领庄园，把女儿送进宫做了鸟羽上皇的皇后，扩张以这位高阳院藤原泰子为本家的摄关家领数量。忠实的儿子藤原忠通也把女儿送入宫嫁给崇德天皇，设立以这位皇嘉门院藤原圣子为本家的摄关家领。女儿的所领属娘家所有。镰仓时代初，摄关家分裂为近卫家和九条家两大系统，这两家家领与殿下渡领（担任藤原氏家长一职者的所领）加一起超过了 400 处。

从别名到庄园

我们具体看一下鸟羽院政时期领域型庄园的设立。前文提到的秦为辰所开发的别名久富保，被进献给担任播磨守的藤原显季，经其子藤原长实传至其孙女美福门院。保延三年（1137），以久富保为核心的领域型庄园矢野庄成立，包括水田旱地 163 多町、野地 4 处。此庄基本相当于今天兵库县相生市全境（约 90 平方公里）。矢野庄成为美福门院建立的欢喜光院所领，领家职由藤原长实一族相传（继承）。

由此，以久富保为核心犬牙交错的公领、私领和山野地全部被纳入矢野庄之中。庄官中的下司由惟宗贞助担任，公文由播磨当地人物担任。庄官照旧持有别名的水田旱地，并且管理新纳入庄园的公领水田、旱地与山野，一并征收年贡、公事。

被认为是惟宗贞助后裔的下司矢野氏在承久之乱（1221）中没落，公文职则由自称秦为辰后裔的寺田氏相传。后者领有以为辰仆从之名命名的巨大名田重藤名，可以认为继承了秦为辰所开发的一部分别名。

此外，在播磨国，桑原氏整修了从揖保川引水的灌溉系统，形成了巨大的吉永名，而此氏被任命为片冈庄、鵤庄（兵库县太子町）的下司。此类庄官所有的巨大名田被称为领主名，与其他的百姓名不同。

也有几个小领主联合起来设立领域型庄园的例子。位于纪伊国山间地区的神野真国庄（和歌山县纪美野町），是长依友通过院近臣藤原成通的斡旋，将捐赠给高野山的私领重新进献给鸟羽上皇，并于康治元年（1142）划定山野境界而确立的。此地除长氏外，还有国觉氏、高向氏等村落规模的小领主。这些代表村落的小领主联合起来，为了保护地方权益而以长氏为代表推动设立庄园。对于上皇、院近臣而言，这里的木材资源具有吸引力。对于庄园的住人来说，立庄能避免国衙的干涉，发生边界纠纷时也可以强调被夺走的木材用作上皇御愿寺的门柱而在官司中获胜。

浅间山大喷发与庄园的设立

灾害会加速历史齿轮的转动。天仁元年（1108）浅间山大喷发，规模比江户时代天明三年（1783）的更大，以上野国中心部、下野国西南部为中心的北关东西半侧全部被火山灰覆盖。

为了复兴当地，此后出现了设立庄园的动向。元永二年（1119）经家司平知信的进献，藤原忠实在上野国设立了占地五千町的大庄园。这不是知信自己开发出了5000町水旱田地，而是以他收集的私领为基础，圈占了因火山喷发而荒废的广大田地。但是平知信事先没有很好地与国司沟通，国司上告说庄院圈占了供应贺茂葵祭中御禊神事所需红花的公领。这触怒了白河上皇，庄园立即遭到停废。

但到了火山爆发20年后的鸟羽院政时期，此地相继设立了御愿寺领的庄园。

讲述这一时期开发情景的，是称作"女堀"的巨大灌溉渠遗迹。这条水渠应位于今天前桥市上泉町的位置，从利根川流域之一的桃之木川取水，灌溉赤城山南麓的田地（图5）。水渠宽27米，最大深度达5米，笔者也目睹过此渠，较之水渠，称其为河流更恰当。它延续13公里后水流停止。尽管开凿了如此规模的水渠，但最终不再被使用而遭废弃。

女堀最初的设计似乎有失误，其起始点的沟底海拔为93.8米，终点海拔为90.5米，每一公里的高低差仅有25~33

庄园

图5　女堀的位置　据铃木尉元、堀口万吉、小
荒井卫《女堀之谜》(《地质消息》第 415 号，
1989 年)

厘米。即便是现代的混凝土水渠，这一落差也难以发挥水渠
作用。女堀遗址将当时投入开发的能量与低效传达至今。

　　赤城山南麓有丰富的泉眼，即便不挖水渠也可进行某种程
度的田地开发。上野国渊名庄（群马县伊贺崎市）是以秀乡
流藤原氏的渊名兼行开发的私领为核心，将上野国佐位郡全
境纳入其中的庄园，成为待贤门院建立的法金刚院领。

　　渊名庄东邻成立的上野国新田庄（群马县太田市），是在

推翻镰仓幕府中活跃的新田义贞的根据地。新田氏的祖先新田义重是武勇名震天下的源义家之孙、源义国之长子，与足利氏的祖先源义康是兄弟。义重向国衙申请承包广布于上野国西南部的"空闲诸乡"，即因火山喷发而荒废的 19 个乡而开发私领。同时，新田义重作为清和源氏的一员也在京都活动，通过藤原家成的女婿藤原忠雅，将这些私领捐赠给鸟羽上皇建立的金刚心院而立庄。新田庄遍及新田郡全域，获任下司的义重权益扩大，开发了 37 个乡。新田庄的规模变为水田 300 余町、旱田 96 余町，拥有民房 248 栋。

新田庄东南 20 公里左右的地方成立了下野国足利庄（栃木县足利市），是后来开创室町幕府的足利氏发祥之地。这处庄园的成立过程不甚明晰，一说是源义国将父亲源义家给他的下野国足利郡内的开发私领捐献给了安乐寿院，一说是秀乡流藤原氏的藤原家纲经源义国的介绍而捐献自己开发的私领。之后源义国的孙子源义兼成为足利庄下司，称"足利氏"。

两百年后在建武政权下龙争虎斗的新田、足利两家的根据地，均源于浅间山喷发后的灾害复兴活动这一点颇可玩味。

寺领庄园与门迹

东大寺、延历寺、高野山金刚峰寺这类大寺院灵活利用易于取得不输、不入之官省符的寺领之特权，逐步强化免田型庄园时代开始持有的庄园之权利，将封户转为便补庄园，并接受新的捐献，从而增加庄园数量。

金刚峰寺在永承四年（1049）把分散在纪伊国四郡的寺领集中到山下一处，从太政官处获准不输不入特权，庄名直接称"官省符庄"。后来他们又把西邻的两个村作为封户之便补，将此地从公领中并入庄域。东大寺领美浓国大井庄在 10 世纪中叶因庄别当大中臣氏的活动，庄域扩大到古代的近四倍，其中国衙认可的免田 30 町左右，其他 150 町是向国衙缴纳官物的加纳地。不过在延久的庄园整理中，东大寺主张全部庄域都是免田，得到记录所的破例认可，由此实现了排他性支配。

至于东寺领丹波国大山庄（兵库县丹波篠山市），最初是东寺出售了空海为教育平民而在京都设立的私立学校综艺种智院的土地，以卖地所得在承和十二年（845）买下垦田 9 町、水池、野林，再加上预备开发地，由官省符认可为传法会料所。此后寺田扩大、国司没收寺田之事反复上演，永久二年（1114）根据白河上皇的记录所裁决，此庄被批准为以当初的四至为领域，拥有不输不入权的领域型庄园，拥有水田 96 町 6 反、旱地 73 町 9 反 5 代、栗林 5 町、山野 263 町。

大寺院里也新增了门迹领。就像白河上皇让皇子出家入仁和寺一样，这个时代天皇家、摄关家的子弟自幼进入大寺院，接受精英教育后便可成为高僧，未来前程似锦。这个时代的僧侣停止了僧院里的集体生活，而是分出子院各自别居，贵种子弟入住的子院就称"门迹"，原家庭将庄园捐赠给门迹。

比叡山延历寺确立了三大门迹，即最云法亲王（堀河天皇之子）创立的梶井门迹、行玄（关白藤原师实之子）创立的青莲院门迹、尊性法亲王（守贞亲王之子）创立的妙法院门迹。鸟羽上皇的皇子觉快法亲王成为青莲院门迹行玄的弟子后，建造本日吉御塔作为美福门院、鸟羽上皇的御愿塔，并捐赠了年贡高达 900 石的近江国平方庄（滋贺县长浜市）。此后藤原忠通之子慈圆成为行玄弟子，令青莲院门迹进一步发展。

拥有区别于寺院的独自领地的门迹，给予侍奉门主的僧侣即门徒恩惠，创建了主从制组织。此外，奈良兴福寺的大乘院门迹、一乘院门迹，东大寺的东南院门迹等也是著名的大寺院门迹。

社领庄园与御厨

院政时期，社领庄园也有所增加。堀河天皇因得梦中神示，在宽治四年（1090）向贺茂上社、下社各捐赠了不输租田 600余町。此时天皇才 12 岁，所以实质上是白河上皇的捐赠。利用这一额度，上贺茂神社在各地设立庄园，于近江国安昙川御厨（滋贺县高岛市）收取 52 名神人各占 3 町计 156 町公田而将之庄园化。御厨是向神社供应神馔（神明的饮食）的地方，本来属于身为神人的渔民等，在中世时期成为社领庄园。下鸭神社也设立了备中国富田庄（冈山县仓敷市）等庄园。

需要特别提一下的是伊势神宫领御厨的增加。当时的伊势神宫持有巨大资本，当在地领主着手开垦农地之际，神宫贷出必要米谷，待开垦完毕后以该地作为向伊势神宫交纳供祭料的御厨。伊势神宫的神职人员以祭主为长，其下依次是宫司、祢宜、权祢宜。院政时期权祢宜的人数增长，与下属神人一起巡游诸国传播伊势信仰并设立御厨。

相模国的大庭御厨（神奈川县藤泽市），是长治年间（1104—1106）镰仓权五郎平景正经伊势恒吉之手而捐赠给伊势神宫内宫的庄园。此前他获得国衙许可开发此地，条件是以之作为伊势神宫御厨，此后景正的子孙获任下司职，称"大庭氏"。伊势恒吉本名为"荒木田彦松"，出身担任内宫神职的荒木田家。为了帮助大庭御厨的开发，他从京都前往此地，在那里的伊介神社担任神职。国衙企图废止此处御厨，而荒木田彦松在天养元年（1144）被奉国衙之命闯入此庄的源义朝杀死。御厨大多是国免庄，未必能稳定延续。

石清水八幡宫在院政时期领地增长。在延久年间的庄园整理中，石清水八幡宫的34处宫寺领减少到21处，但在攀附白河、鸟羽上皇的别当（宫寺的长官）纪光清的奔走之下，保元三年（1158）其领地增加到安艺国吴保（广岛县吴市）等138处。后来石清水八幡宫受到武家[1]的崇敬，社领也逐渐增长。

1　武家是武士社会以及幕府将军的代称，相对朝廷贵族社会就被称为公家。——译注

"寄进地系庄园"的问题

行文至此，我并没有使用以往讲解庄园史中经常使用的"寄进（进献）地系庄园"这个术语。因为这个术语无法清晰说明庄园是属于免田型还是领域型，院政时期设立领域型庄园这一庄园历史上的重大分水岭也就遭埋没了。

免田型庄园、领域型庄园都是通过进献免田而成立的，但免田型庄园的进献是为了借贵族权威规避国司的干涉、没收，而进献领域型庄园内的免田，是将之作为种子，借上皇、摄关家的权力圈占广大领域。另外，免田型庄园由免田和预备开发地构成，而领域型庄园是将包含山野区域的领域整体作为庄园，拒绝国司使臣进入的不入权也扩大到刑事权、裁判权，成为一种享有治外法权的领域。另外，免田型庄园由进献者、受献者两层构成，领域型庄园则是本家—领家—庄官三个阶层构成的金字塔型支配体制。

"寄进地系庄园"这个术语当然不完全错误。从免田型庄园逐渐获得不输不入权、院政时期不输不入的庄园已经一般化的大趋势来看，我们也可以把领域型庄园理解为寄进地系庄园的完成形态。实际上，前述寺领庄园的形成过程就是如此。但是院政主导的庄园设立并非这种渐进变化，免田型庄园与领域型庄园之间有清晰的变革，那么无法指出其中区别的"寄进地系庄园"这个用语就有了问题。

《鹿子木庄事书》的背后手脚

肥后国鹿子木庄（熊本县鹿子木市）的事例，经常作为寄进地系庄园的范例，但它也有问题。根据记载该庄设立过程的文书，开发领主叫沙弥寿妙，其孙子中原高方在应德三年（1086）以缴纳 400 石稻米为条件，将大宰大贰（大宰府实质上的长官）藤原实政奉为领家，自己获任经营此庄的预所。继承领家职的愿西势弱，无力阻止国衙的"乱妨"（强夺），于保延五年（1139）将领家收益中的 200 石进献给高阳院内亲王[1]。内亲王去世后，为祈祷其冥福而建立了胜功德院，这 200 石便移交该处，但因美福门院的安排又转给仁和寺，以此寺为本家。

过去这个事例被理解为，在地领主将其开发的所领进献给贵族，庄园由此成立；此贵族为了稳定权益又仰赖更高级的贵族、皇族庇护。不过此文书的成书时期是镰仓时代进入晚期的永仁二年至永仁三年（1294—1295），距离最初的进献已过 200 年，距离第二次进献也过了 150 多年。在此期间，幕府设置地头职等，庄园制的面貌发生了相当大的变化。另外，这份文书是中原高方的子孙为收回被"押领"（强占）的预所职而在诉讼中提交的证据，我们有必要注意到它过于强调高

---

1 即睿子内亲王，鸟羽天皇与美福门院所生皇女，后被高阳院藤原泰子收作养女。——译注

方子孙的所有权利。

　　开发领主寿妙本非地方势力，而是能够担任受领的中央贵族（中原氏）。高方从寿妙那里继承的免田数额稀少，则很可能是白河上皇的近臣藤原实政设立鹿子木庄之际，任命在那里拥有若干免田的中原高方为庄官。鹿子木庄的大部分田地并不是寿妙、高方开发的，而是靠大宰大贰藤原实政的权力被纳入高方的管理之下。之后，实政与丰前国宇佐八幡宫发生纠纷，被流放到伊豆国，鹿子木庄也因国衙压迫而变得有名无实。因此愿西才将鹿子木庄的残骸捐赠给高阳院，设立以高阳院内亲王为本家的领域型庄园，自己确保领家地位并将年贡分与本家一半。这种一度废绝的庄园"重组"是在院政时期常有之事。

　　中原高方不可能从零开发出缴纳400石年贡的大庄园，实现排他性的领域支配必须要有中央权力的介入。可以说，领域型庄园就是在地方成长的在地领主与院政这一新兴王权合作的产物。

第五章

武家政权与庄园制

1　平家政权与庄园制

保元、平治之乱

著有《愚管抄》的慈圆感叹："鸟羽上皇没后，日本国起了乱逆，而后成为武者之世。"保元元年（1156）七月二日鸟羽上皇驾崩，仅仅九天之后，上皇与天皇之间的武力冲突，即保元之乱爆发。

此事责任在于晚年宠爱美福门院的鸟羽上皇。在白河院政时，鸟羽上皇已将皇位让给崇德天皇，但他开启院政后就不管崇德天皇已出生的皇子，而是命其让给自己与美福门院生的近卫天皇。近卫天皇夭折后，即位的也不是崇德的皇子，而是近卫的弟弟后白河天皇。为了让美福门院养育的后白河天皇之子（后来的二条天皇）继承皇位，他安排后白河天皇即位以作过渡。被排除在皇统门外的崇德天皇便怀恨在心。

不幸的是，摄关家中的藤原忠实与其长子忠通也势同水火，因美福门院而失势的忠实与其次子藤原赖长便支援崇德上皇。无人可以调解的天皇家、摄关家继承人之争，以平清盛、源义朝拥戴的后白河天皇一方突袭崇德上皇御所而告终。白河上皇建造的白河北殿在此战中被烧毁殆尽。

在保元之乱中取胜的后白河天皇，让位给二条天皇后开始院政，但上皇近臣之间的派阀争斗激化。平治元年（1159）藤原信赖、源义朝攻杀得势的藤原信西。参拜熊野神社而不在京都的平清盛借助纪伊、熊野武士团的协助回京，诛杀了藤原信赖与源义朝。平治之乱的结果，巩固了平清盛在后白河上皇近臣中无与伦比的地位。

后白河上皇与平清盛

平清盛的先祖是作为军事贵族被起用的平贞盛之子、伊势守平维衡（伊势平氏），其家族在伊势国至伊贺国拥有势力。清盛的祖父平正盛向白河上皇建造的六条院御堂捐献了伊贺国鞆田庄（三重县伊贺市友田），赢得上皇信任。父亲平忠盛侍奉白河上皇、鸟羽上皇，成为肥前国神崎庄（佐贺县神埼市）的预所，从事对宋贸易，并以讨伐海贼而扬名。作为忠盛嫡子的平清盛侍奉鸟羽上皇，获任安艺守等职，掌握了濑户内海的制海权并从中获取利益。

平清盛结托后白河上皇，陆续设立庄园。后白河上皇在天皇家中属于旁流，父亲鸟羽上皇遗领中的大半部分由妹妹八条院继承，自己所持的庄园非常有限。于是他与在地方拥有势力的平家联手设立庄园。平家也可以把新设庄园的领家职、庄官职分配给一族、郎党，并获得新的家人（结下主从关系的武士），因此双方利害一致。

后白河天皇建造法住寺殿作为御所，在其一角建造莲华王院。其中安置1001座观音像的正殿以"三十三间堂"之名而为人所知（现存堂舍是镰仓时代重建）。莲华王院的造营由备前国知行国主平清盛负责，获献许多庄园。例如但马国温泉庄（兵库县新温泉町）本是国衙领的温泉乡，永万元年（1165）经僧人圣显而捐给莲华王院，成为领域型庄园，下司由乡司平季广担任，圣显成为领家。后白河上皇掌管的这些领地集中到他的佛堂长讲堂，扩张成与八条院领并肩的巨大庄园群（长讲堂领）。

平清盛还将手伸到摄关家领。此时摄关家祸不单行，保元之乱中败死的藤原赖长的所领遭后白河上皇没收，其父忠实、胜利者忠通也相继去世，继承家门的藤原基实也在24岁时英年早逝。基实迎娶的是清盛的女儿盛子，在嫡子近卫基通成人之前，盛子管领大半摄关家领庄园。

平家通过在后白河上皇治下设立庄园，掌握了其领家职、下司职，其数达500多。加之他们管理摄关家领庄园、全国近一半知行国由平家一门持有，由此掌握了莫大的财富。

以此财富为背景，平家与地方上的在地领主结成主从关系，增强作为军事贵族的动员能力，并让地方武士交替担任警卫皇宫的大番役，垄断了朝廷的军事警察部门。在政界，平家一门也占了公卿的 1/3，平清盛甚至升为太政大臣。这一状况被称作"平家政权"。

平家设立庄园

作为此时期平家所立庄园事例，让我们看看备后国大田庄（广岛县世罗町）。仁安元年（1166）正月，平清盛的第五子平重衡把世良郡的大田乡，以及桑原乡的田地、荒野、山河进献给后白河天皇，年贡为 6 丈白绢 100 反，预所职由重衡子孙继承，大田庄由此起步。不过重衡在这时才 10 岁，实质是其父清盛操办的。

此时大田庄的见作水田（在耕作的水田）为 30 町 4 反多，水田代（没有耕作的水田）225 町，见作旱田 6 町 5 反，旱田代 53 町，房屋 26 栋。横跨两乡的庄园才有 30 町水田，似乎表明当时的农村相当荒废，但实际并非如此。进献的水田 30 町只是名义之物，目的是以此为核心，将两乡的领域以"荒野山河"的名义圈占而设立领域型庄园。其证据就是 25 年后该庄见作水田达到 613 町，增长了 20 倍。这很难说是开发的成果，而是该庄圈占了四至内的公领等。

大田庄的下司由担任两乡乡司的橘氏就任。庄园设立以前，橘氏与平家似乎没有什么来往，应是接近平家的知行国主将两者联系在一起。下司的权益很大，桑原乡有免除年贡公事的给田 3 町、免除公事的杂免田 50 町，作为预备开发地的荒野 10 町、免桑 50 株以及免家 [1] 等。另外，他还享有每反征收 5 升的加征米、每块名田征收 2~5 升上分米或麦、收纳年贡时每石加收 3 升的收益、每家百姓征收苎麻 1 目、提取百姓缴纳桑的 1/3 等权利。这些收益是继承乡司所得并扩充之物。

修整基础引水渠

随着领域型庄园设立，田地开发亦大有进展，各地流传着今天仍在使用的基础引水渠源自平家政权时代的传说。《平家物语》中出现一位平家家人濑尾太郎，寿永二年（1183）在备中国板仓川之战中与源义仲交战。这个人就是以备中国妹尾乡（冈山县冈山市）为根据地的妹尾太郎兼康。当地人认为他在 1182 年重修了从板仓川即现在的高梁川取水的湛井十二乡引水渠。

湛井十二乡引水渠从高梁川中游延展到妹尾乡，是干线就达 18 公里的大型水渠。高梁川自古以来多次改道，此渠巧妙

1　中世时期，庄园中的农户及其宅地、园地被统一作为一个课税单位，称作"在家"。免除这一税赋但要向庄官服务的在家，称作"免家"。——译注

连接旧河道与足守川,将河水引至妹尾。此水也滋润沿途村庄,江户时代的引水灌溉的石高 [1] 数为 46000 石,现在使用此渠的灌溉面积达 5000 公顷。

据说这条水渠因高梁川改道而难以取水时,妹尾兼康筑堰将取水处上移 300 间(约 540 米),实现引水渠的复兴。据传他也将井神社迁至新堰附近,定下神社祭典、水渠维持管理的规章,江户时代此地还建造了祭祀兼康的兼康神社。今天仍能看到高梁川合同堰的一座小高台上坐落着这两所神社,水渠覆盖地区的居民成为神社的氏子,每年六月一日斋戒后举行初堰祭,而后开始取水。

《平家物语》中还出场了神官宇佐八幡宫大宫司宇佐公通,寿永二年(1183),他为逃到九州的安德天皇提供行幸宇佐宫的住处。这位公通也被当地奉为开凿平田井堰这一水渠的人物。此水渠自驿馆川取水,凿开左岸的高地,将水导至丰前平原。水渠长约 20 公里,江户时代覆盖的村落数达 33 个,灌溉田地达 654 町步(约 777 公顷),自称公通子孙的平田氏世代作为井手庄屋而管理此地。

传说中,宇佐公通为救济旱灾而向神明祈祷成功开挖时,神灵告知有装有 12 条白蛇的白木箱漂来,命其按照白蛇游动的方向开挖沟渠,因此水渠像蛇爬行一样曲折。根据实存史料,

---

1 官方确定的田地稻米产量,折算的田地面积根据土地贫瘠不同而不同。——编注

宇佐公通将此地开发为平田别符（大分县宇佐市），镰仓时代此水渠就已确切存在。

灌溉近江国江部庄域（滋贺县野洲市）的祇王井，传说是平清盛的爱妾白拍子祇王怜悯家乡江部庄遭遇旱灾，恳请平清盛而修建的。此外，传闻那位向后白河上皇申诉再兴高雄神护寺的文觉上人，也修建了一处水渠，流经后文将提到的神护寺领纪伊国桛田庄、丹波国吉富庄（京都府丹南市）的故地。妹尾兼康、宇佐公通、祇王、文觉均是《平家物语》中出场的人物，虽然可能是后世借其名姓作为水渠开凿者，但这些沿用至今的基础引水渠修筑于这一时代的可能性很高。。

日宋贸易与宋钱的流入

仁安三年（1168）平清盛因病出家，康复后离开京都定居福原（兵库县神户市兵库区），专心修整面向濑户内海的严岛神社，以及扩大日宋贸易。为方便南宋商船驶入，平清盛很早就修筑了大轮田泊（现在神户港口的一部分），嘉应二年（1170）宋船首次驶入此地。访问福原的后白河上皇经清盛引荐面见宋人，上皇与异国人会面令京都的贵族惊愕不已。

日宋贸易对庄园制的巨大影响是宋钱的流入。南宋的商船将绢织、陶瓷运至日本，装载大陆缺乏的木材、硫黄返回，但往返货物的重量差异巨大。据说为了前往日本时维持船只稳定，船主会装载大量铜钱作为压舱物，到了日本就卸下。

这些铜钱便于日本商人之间交易，于是开始流通，后来日本就积极向南宋寻求铜钱。

治承三年（1179）诸国爆发了被称为"钱病"的瘟疫。这一称呼表明时人认为疾病是大陆流入的钱币所致，而这显示出宋钱开始渗透到人们的生活之中。日本铸有以"和同开珍"为首的皇朝十二钱，贵族也禁止使用外国的钱币，但这些都无法阻止宋钱的流入与使用。

平家的落日

平家的权势虽隆盛至极，但与上皇、摄关家的关系是以后白河上皇的妃子平滋子（建春门院）、摄关家藤原基实的妻子平盛子维系的脆弱关系。他们与在地领主层的主从关系并不坚固。平滋子安元二年（1176）去世，平盛子也于治承三年（1179）离世，平家对摄关家领的管理因此告终，政权的基础岌岌可危。

急躁的清盛在同年十一月从福原率兵进京，罢黜了反平家的公卿与院近臣，并幽禁了后白河上皇。第二年，平清盛让女儿德子（建礼门院）与高仓天皇所生的安德天皇即位，在高仓上皇这个名义上的院政之下掌握全权。

但是对这一政变感到愤慨的后白河上皇皇子以仁王，与源赖政一起在同年四月起兵，并向诸国的源氏送去催促举兵的令旨（皇族的命令文书）。一个多月后，以仁王与源赖政兵败被杀，但两人的行动点燃了诸国对平家及其同党潜藏的反感情绪，时代向源平争乱奔涌直下。

2 镰仓幕府的形成与地头

源赖朝起兵与没收敌方所领

在平家政权的时代，12世纪中叶开始持续的适合农业的气候逐渐低温化，治承四年至养和元年（1180—1181）低温与干旱交替，导致1181—1182年的养和饥馑（图6）。鸭长明在《方丈记》中描写了饥馑的惨状，诸国民众抛弃田地越过边境、舍弃家宅逃隐山中，粟比黄金更加贵重。京都弥漫饿死者的尸臭，贺茂川的河滩上密集地堆积着尸体。在这样的悲惨光景中，源平争乱开始了。

平治之乱中战败的源义朝的嫡子源赖朝，在逃亡途中与家人走散，被平清盛的部下抓捕。他本来难逃一死，但清盛的继母池禅尼求情，因此得免死罪，被流放至伊豆国。他在那里生活了20年后，接到催促举兵的以仁王令旨。流放之身，危险必至，于是他在治承四年（1180）八月举兵起事。

但是赖朝在接下来的石桥山之战中一败涂地，经海路逃往安房国。他在那里与从三浦半岛渡海而来的三浦氏会合，又得到了上总国豪族上总氏、下总国千叶氏的协助，成为一大势力，遂挥师进入先祖源义家以来的故土镰仓。

庄园

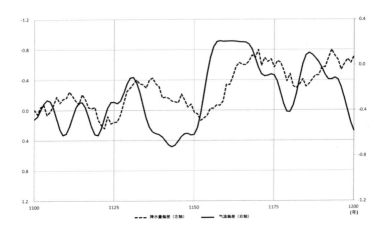

图 6　12 世纪的气候

赖朝恩将仇报的行为让平清盛大怒，他派遣以孙子平维盛
为大将的军队，但平家军因当时的饥馑而未能顺利进军，花了
近一个月才抵达骏河国的富士川，与源赖朝、甲斐源氏的联军
对峙。平家军错将水鸟齐飞的声响当成敌军夜袭之声，军中大
乱而仓促撤退。在对阵过程中，源赖朝见到了弟弟源义经。

源赖朝希望追击，但因麾下的东国武士的意向而决定返回
镰仓，途中在相模国国府论功行赏，也即评定此前的军功并
给予恩赏。在此，赖朝做出了改变日本历史的举措，那就是
用所职报赏军功，没收敌方武士的所职而分给己方武士。

这一举措在之后的武家社会里过于理所当然，因此容易
被人忽视，但在当时却是破天荒的违法行为。此时被拿来封

赏的所职，具体是指在地领主拥有的庄园的下司职，公领的
郡司职、乡司职等。如前所述，领域型庄园确立了三层领主权，
下司职的任免权在领家、本家手里，而公领的郡司、乡司任
免权在国司、知行国主手中。他们当然不允许自己的部属被
随便替换。

那么此举如何成为可能呢？因为此时的源赖朝势力，是对
平清盛执牛耳之朝廷发动叛乱的"贼军"。远离京都的东国在
地领主团结起来，使得上位领主的任免权无效化。

《寿永二年十月宣旨》的意义

与源赖朝同时期在信浓国木曾起兵的源义仲，绕道北陆向
京都进军。养和元年（1181）平清盛离世，继为平家之主的
平宗盛无力应对各地相继爆发的叛乱。寿永二年（1183），源
义仲在俱利伽罗山口一战大破平家军队，以破竹之势向京都
进军。平宗盛弃守京都，率其一门与安德天皇一起转移到福原。

平家失守京都，源义仲等人七月末入京。平家被定为"朝
敌"，一门所领 500 余处庄园被朝廷没收。这些被称作"平家
没官领"。没官是没收犯有反叛等重罪之人的官位、财产的刑
罚。平家没官领中，源义仲获得了 140 多处。

不过进京的义仲军失去节制，为非作歹，源义仲也因介
入皇位继承问题与后白河上皇对立。另一方面，源赖朝在九
月中旬后接触朝廷，辩解自己起兵是为上皇讨灭叛逆，全无

谋反之心，关东、西国均恭请朝廷任命国司，令朝廷深感安心。赖朝答应朝廷，自己绝不会成为过去席卷关东八国，自称新皇并独自任命国司的平将门。

接受这一申请的朝廷颁布了《寿永二年十月宣旨》。宣旨是朝廷的命令文书，这道宣旨命令东海道、东山道的庄园、公领听从领家、国司管理，照旧缴纳年贡，也命令若有人不服此命者，则联络赖朝由其惩处。

这道命令具有重大意义。源赖朝擅自夺取敌对武士的所职并替换上己方武士，但这道宣旨仅命令这些人要照旧听从领家、国司管理，缴纳年贡，而不管庄园的下司，公领的郡司、乡司是谁。它不仅对赖朝与东国武士犯下的非法举动置之不理，还将对不满分子行使强制力的权力委托给赖朝。或许对朝廷来说，不管庄官是谁，只要东国能上交年贡就可以了，而我们称这道宣旨是镰仓幕府之起点也毫不为过。

庄乡地头的设置

源赖朝立刻以执行宣旨为名，派遣弟弟源义经、源范赖率军进入伊势国牵制源义仲。义仲虽然想向东进军以迎战赖朝军，但遭后白河上皇反对。最终义仲幽禁后白河上皇，迎击赖朝军，但在近江粟津之战中战死。

进京的赖朝军奉后白河上皇之命讨伐平家。元历元年（1184）二月一之谷战役中，源义经的奇袭使得平家军溃败。

上皇将平家没官领 500 余处全封给赖朝作为恩赏，赖朝成了拥有领家职等权益的巨大庄园领主。这些所领成为镰仓幕府的直辖领，即"关东御领"。此外，赖朝获得三河、骏河、武藏三国作为知行国，后来增作九国。这些知行国被称作"关东御分国"。

不过同年七月，伊势、伊贺两国爆发了平家余党的叛乱。镇压这次叛乱进展艰难，源义经花了一个多月才讨灭首谋者。翌年六月，赖朝没收了参与叛乱的武士的所职，以"地头职"的名称封给了有功武士。在此之前，赖朝没收的所职都以下司职、郡司职、乡司职等原有名称封给新主，但现在将恩赏统一称作"地头职"，明示自己授予的所职的任免权今后也由自己掌握。为与后文要提到的以国为单位设置的地头区分，这些地头也被称作"庄乡地头"。

《设置守护、地头之敕许》

赖朝在元历元年（1184）八月派源范赖率军追讨平家，但因兵粮不足，行军极其困难，好不容易在文治元年（1185）进军到长门国赤间关（现在的下关）便止步不前。另一方面，源义经奉后白河上皇之命出战，此年二月奇袭设在赞岐国屋岛的平家军大本营。惊慌失措的平家军出海逃到安艺严岛，但义经拉拢水军势力追击，三月追至坛浦消灭了平家。安德天皇与平家一门命运与共，三神器也沉入海中（后来镜、玉得以找回）。

　　源义经虽电光石火之间歼灭了平家，但似乎违背了赖朝希望平家投降、保全安德天皇性命的构想。没察觉到这一点的义经不满战后处置，要求后白河上皇下达讨伐赖朝的宣旨，据说威胁上皇若不同意，就带着上皇、天皇以下人等前往九州。义经虽然募兵但没有武士响应，打算走海路去九州，但一行又遭遇暴风雨，飘零星散。

　　赖朝派岳父北条时政率兵千人进京，追究下达讨伐自己命令的后白河上皇的责任，迫使他答应为讨伐义经而提出的诸般要求。此时上皇发布的敕许后来被称为《设置守护、地头之敕许》。但实际上，此时设置的是以国为单位的地头。为区别于半年前就开始设置的庄乡地头，这也被称为"国地头"。

　　学者就国地头的权限有不同意见，不过可以认为其拥有作为总追捕使动员国中武士、不问庄园公领而征收每反田 5 升兵粮米、管理国中田地的权力。

　　一般认为，源赖朝吸取了源范赖苦于筹粮的教训，授予讨伐义经的军事指挥官强大的权限，而他们就是国地头。实际的义经军远比赖朝的顾虑微弱，无须兴师动众，但国地头的设置是赖朝将西国武士组织为御家人（与赖朝结下主从关系的武士）的一步棋。后来国地头的权限缩小，演变成指挥该国御家人，处罚杀人、谋反等重罪的守护。

组织御家人

与搜捕义经并行，源赖朝在各国推进御家人的组织工作。他稳坐镰仓不动，派遣使者到各国选任御家人。大量与赖朝素不相识的御家人由此产生。

要成为御家人，必须持有作为在地领主的所职，也即身为国衙的在厅官人、郡乡司、庄园的庄官。实际的选定上，作为在地领主集结地的国衙留守所发挥很大作用。

比如在若狭国，建久七年（1196）赖朝遣使至此，留守所上报了过去侍奉源平两家的武士名单，其中写有以在厅官人中最有势力的稻庭权守时定为首的33名在厅官人、乡司、保司、别名主、庄官的姓名。此时津津见忠季已经被任命为若狭国远敷郡津津见保的地头，但没有出现在此名单之上，可见这是记录新御家人的名单。

之后，稻庭时定因触犯赖朝而没落，持有的25处所职被交给了津津见忠季。赖朝似乎并不信任新加入的御家人。

奥州战役与镰仓幕府的确立

源赖朝为确立权力而极力利用弟弟义经。义经逃亡奥州后，受到11世纪中叶以后就统治奥州的奥州藤原氏第三代家主藤原秀衡的庇护。秀衡死后，继位的藤原泰衡袭击义经寓居的衣川馆舍，逼其自尽。但赖朝反而怪罪泰衡未经准许杀死义经，文治五年（1189）亲征泰衡，消灭了奥州藤原氏。

朝廷不愿批准这场战争，赖朝就声称奥州藤原氏乃先祖源义家以来的家人，主君惩治家人无须敕许，不经朝命就率军出征。无须朝命就可军事动员，成为后世武家军事动员的先例。

第二年的建久元年（1190），赖朝在举兵之后第一次进京，与后白河上皇会谈。这次会谈应该也商量了如何维持为讨伐义经而设置的战时体制。此时赖朝就任从二位权大纳言兼右近卫大将这个守护朝廷的武官最高位。他在即将返回镰仓之时辞掉了这两个官职，但朝廷知他意欲就任"大将军"，于建久三年（1192）任命其为"征夷大将军"。至此，镰仓幕府最终确立。

3 镰仓幕府与庄园制

镰仓幕府带来的庄园制变化

本书讨论庄园，前文叙述了冗长的政治过程是因为赖朝起兵的治承四年（1180）以后十多年间的事件，对庄园的历史产生了重大影响。

首先，源赖朝的起兵，使成立于庄园、公领中的所职变成了军功恩赏对象。赖朝在叛军状态下没收敌方所职分给己方的行为，通过《寿永二年十月宣旨》得到了朝廷追认。之后的元历元年（1184），他又没收了叛乱的平家余党的所职，作为地头职赏给自己人。这样一来，胜者没收败者的所职并赐给胜者一方的行为得到了公认。形成于庄园、公领的所职实际上是一种土地支配权，所以日本也确立了类似西欧式封建制的体制，也即以土地为媒介的主从制。

其次，领域型庄园中成立的本家—领家—庄官三层领主权中，在地领主担任的庄官地位提高，庄园制中上位占优势的结构发生了变化。庄园领主、知行国主居于京都而能收到年贡，源于在地方上负责庄园、公领经营、征税的庄官，也即在地领主的努力。至于后者为何要听从庄园领主、知行国主，则是因为上位领主掌握了庄官、郡乡司的任免权。

镰仓幕府成立后，地头职的任免权由幕府掌控，庄园领主、知行国主无权罢免地头。即便是没有地头职的御家人，如果遭庄园领主、知行国主的不当对待，也可向幕府提出诉讼。换句话说，这就像在地领主阶层创建了强大的工会组织。结果，本家、领家对庄官的支配权减弱。以庄官阶层为对象的主从制嵌入了中世庄园制的支配体制，即"职的体系"之中。

最后，东国（关东）和奥州（东北）成为镰仓幕府的直辖区域，变成在京都朝廷统治之下享有一定程度独立的地区。源赖朝从治承四年（1180）起兵到建久元年（1190）为止都不曾上京，专心巩固东国的地盘；赖朝也获得了东国中的若干知行，掌握了这些国衙的国务；他未获朝廷命令而消灭了奥州藤原氏，将奥州作为幕府的直辖地。这些地区的独立

性在整个中世时期得到了维持，室町幕府时期也置镰仓公方
以统治关东十国。

镰仓幕府带来的庄园制稳定

另一方面，镰仓幕府的成立并未破坏庄园制，也有使庄园
制稳定化的一面。职包括从支配土地获得收益（得分）的权利，
及向领家、本家缴纳年贡、公事的义务。镰仓幕府的成立使
得前者被当作恩赏来封赐于人，但并未否定义务的部分。

朝廷颁布《寿永二年十月宣旨》认可源赖朝对东国的支
配权，是因为他恢复了从东国运来的年贡。镰仓幕府的权力
正统性，在于准时完成庄园、公领所职中的义务部分。实际上，
幕府罢免了不少反复拖欠领家年贡的地头。镰仓幕府也像一
个外箍，防止因在地领主离反而使庄园制崩溃。

在源平争乱中获胜而成立的镰仓幕府，也起到了抑制围
绕庄园而发生过度纷争的作用。前章介绍了领域型庄园的光
鲜一面，但也有很多人没落，构成其阴影的一面。领域型庄
园的设立致使原有公私领地交错的领域由庄官统一管辖，许
多领主的过往权利被剥夺。某位在地领主获得庄官地位只是
因为他恰巧搭上了院近臣、平家的门路，被提拔也不是凭本
事——成为"输家"的在地领主大概会这么想。在领域型庄
园不断设立的院政—平家政权时代的地方社会，这些嫉妒、
怨念激荡，最终引发了源平争乱。

镰仓幕府创建了统一的武力装置，抑制了纷争发生。御家人之间的所领纠纷，战时以军功解决，平日以公正的裁判处理，可以说幕府起到了抑制戾气爆发的作用。

此外，镰仓幕府的将军被纳入中世的贵族社会秩序之中，成为这一权力结构之一翼。源赖朝向朝廷解释他不会仿效平将门，展现与朝廷妥协的姿态。于是平家灭亡后，他获赐了平家没官领，化身为巨大庄园领主。另外，赖朝还就任武官中最高位的从二位权大纳言兼右近卫大将，积极参与朝廷人事。

最终，源赖朝的直系血脉很快断绝，将军改由摄关家、天皇家出身者担任。镰仓幕府作为与天皇家、摄关家并立的权门，支撑着中世国家。从大局而言，可以说它带来了镰仓时代庄园制百年以上的稳定。

庄园与公领的固定化

尽管院政—平家政权期间，领域型庄园被频繁设立，但日本全土并没有都成为庄园。镰仓幕府的成立导致院政权力衰退，上皇、摄关家新设立的领域型庄园不再多见。从在地领主的角度来说，成为镰仓幕府的御家人就能保护自己权益，也就没必要将所领进献给中央贵族了。因此庄园与公领的比率基本固定下来。

关于庄园、公领的比率，根据如何看待便补保等中间形态

的所领而有异议，但若狭国的面积比大致是 6∶4、常陆国的
是 4∶6、能登国的是 7∶3、石见国的是 4∶6、淡路国的
是 8∶2 等，则可以认为日本全国大体是 6∶4。不过公领多
处于条件好的地方，所以生产力或许是一样的。

因为公领也有近半比例，中世的土地制度也被称作"庄
园公领制"。不过中世的国衙处于皇族、高级贵族掌握国务的
知行国制之下，公领的郡乡及保被分给院近臣、摄关家的家
司（参见第 74—75 页）作为其薪俸，由身为在地领主的郡乡司、
保司管理，这就确立了类似庄园的本家—领家—庄官的结构。
比如作为《新古今和歌集》的编选者而知名的歌人藤原定家，
侍奉摄关家之一的九条家，从九条家家主那里获赐越后国刈
羽乡（新潟县刈羽村）、赞岐国佛田村等。这是因为越后国、
赞岐国都是九条家的知行国。

如果认为中世的庄园制是以庄园、郡乡保等独立领域为单
位，由以天皇家、摄关家为顶点的权门通过松散的主从制进行
统治的体制，那么公领的支配结构也可以理解为庄园制的一
环。镰仓幕府成立后，下司职、公文职等庄园的所职与郡乡司
职及别名等公领的所职，被不加区分地作为地头职赐予御家
人，从这一方面也可看到庄园的所职与公领的所职并无区别。

承久之乱

承久之乱确定了镰仓幕府对朝廷的优势地位。源赖朝于正

治元年（1199）去世，将军职由儿子源赖家继承，但赖家意欲排除母亲北条政子一族而遭流放，弟弟源实朝被拥立为将军。但实朝也遭赖家之子公晓暗杀，公晓又被杀死，赖朝的血脉便轻易断绝了。

北条政子想迎后鸟羽天皇的皇子为继任将军，但被上皇拒绝，就从摄关家迎立了与源赖朝是远亲的九条赖经。另一方面，上皇为重建大内里而要课征一国平均役，但幕府不肯协助征收东国税物。上皇愈加不满，决意讨伐政子的弟弟、掌握幕府实权的执权北条义时。

承久三年（1221），后鸟羽天皇幽禁负责与镰仓幕府联络的公卿，召集畿内、西国武士，承久之乱就此爆发。西国主要的御家人集结于后鸟羽天皇旗下，但镰仓幕府团结在北条政子、义时之下，立即发兵进攻京都。幕府的迅速反应超出上皇方的预料，后鸟羽仓促派遣了迎击部队，但在美浓国墨俣败给幕府军而全面崩溃。

幕府军六月中旬控制了京都，率军的北条泰时（义时之子）、北条时房（义时之弟）进入六波罗，逮捕上皇方的武士，并调查战斗中御家人的军功。后鸟羽上皇被流放到隐岐岛，其皇子顺德上皇被流放到佐渡岛，土御门上皇也被流放到土佐国。经此一役，院政权力遂附属于镰仓幕府。

实力增强的镰仓幕府也重组了机构。控制京都的北条泰时、北条时房直接留在六波罗，变成监视朝廷、指挥西国御家人的六波罗探题。北条义时死后，泰时回到镰仓继承其位，时房就任同在幕府公文中画押签名的连署一职，亲自防止执权独裁。而且，泰时在贞永元年（1232）制定了《御成败式目》，完善了基于道理、先例来公平审判的架构。这样，北条泰时确立了北条氏掌握幕府实权的正当性，巩固了镰仓幕府体制。幕府的稳定，也是庄园制的稳定。

西迁御家人

承久之乱获胜后，镰仓幕府的力量更加深入畿内、西国。幕府此前虽将畿内、西国的武士组织为御家人，但从其主要者加入上皇一方也可知这种主从关系并不牢靠。他们大多加入上皇方并且战败，则超过 3000 处的所职遭幕府没收，并作为地头职封给了与幕府关系牢固的东国武士。这些在承久之乱中立功受到地头职恩赏的武士称"新补地头"。

获得畿内、西国地区地头职的东国武士带着一族移居当地。这被称作"西迁御家人"。承久之乱以前也有获赐平家没官领地头职而移居西国的东国武士，但承久之乱后，这类御家人大量出现。

比如播磨国矢野庄的下司矢野氏因加入上皇方而没落，出身相模国海老名乡（神奈川县海老名市）的海老名氏作为此

庄地头而迁住当地。海老名氏的嫡脉在室町时代的永享之乱[1]
（1438—1439）中灭亡，但西迁御家人的海老名氏以矢野庄为
立足点成长为国人领主（参见第193—194页）。田代氏是以
伊豆国田代乡为本贯（籍贯地）的御家人，在承久之乱中立功，
被任命为和泉国大鸟乡的地头，战国时代成为摄津有马氏的
家臣。有马氏后来成为近世的筑后久留米藩藩主，田代氏也
作为其藩士得以延续。

作为西迁御家人的新补地头，他们的收益承继此前下司、
地头的收益，在前例不明或数量不足的情况下适用新补率法。
新补率法规定每11町田地中给其1町给免田，每反田向其缴
纳5升加征米，山野河海的收获物与领家平分，没收罪人财
产之际地头可得其1/3。

西迁御家人带来的文化摩擦

西迁御家人大量入驻畿内、西国庄园，给当地带来巨大影
响。东国武士带来的东国习俗，与西国的社会习惯发生了冲突。

其中之一是委托百姓看管囚犯的习惯。在若狭国太良庄
（福井县小浜市），宽元元年（1242）百姓受托看管的犯人逃走，
地头代（地头的代理）对其处以一贯钱（约合今日10万日元）

的罚款。百姓向幕府申诉此举非法，而地头代主张在东国将犯人交给百姓看管、犯人逃脱即受罚是理所当然的习俗。受理诉讼的六波罗探题判决说，不是百姓故意放走，则罚款属不当之举。

在肥后国泉新庄（熊本县山鹿市），地头代扣押了未看管住犯人的百姓家的锅釜，幕府下令返还。在伊豫国弓削岛庄（爱媛县上岛町），百姓也控诉将犯罪下人交百姓看管为非法之举，另有其他非法行为的武藏国出身的地头小宫氏因此被罢免。这里也须注意镰仓幕府做出了保护百姓的判决。

另一方面，来自东国的文化也惠及了西国社会。那就是开发低湿地的技术。备中国新见庄（冈山县新见市）是后白河上皇的妃子建春门院建立的最胜光院领庄园，领家是小槻氏，承久之乱后新补地头新见氏入驻。庄内有一片广阔的低洼地，位于自北向南的高梁川与从西北向东南的谷内川的交汇处。领家方的政所（管理处）位于较高的山丘，地头方的政所则在低湿地中的小高地，因此新补地头很可能推进了低湿地带的水田开发。

流经关东平原的利根川，在江户时代改道之前一直汇入东京湾，其下游是广阔的低湿地（今天的荒川、中川、绫濑川流域）。今天茨城县霞浦一带也曾是面积广阔的低湿地。在南关东，人们通过排空这类低湿地的水来开发水田。可以认为来自东国的西迁御家人进入新见庄后，带来了开发低湿地的技术。

第六章

中世庄园的世界

因为镰仓幕府成立，庄园的数量基本停止增长，庄园制迎来了制度上的安定时代。前文均是以时间顺序追溯庄园的历史，这一章则以镰仓时代为中心介绍庄园的具体风貌。

1 开发与生产

独立的小世界

中世的领域型庄园成为独立的小世界。原本是拒绝国衙检田使进入的不入权扩大为整个警察权，除守护管辖的杀人、谋反以外，庄园的庄官拥有逮捕在庄园领域内犯罪之人、没收其财产并予以处罚的检断（逮捕与处置）权。在某一庄园犯罪的人逃进其他庄园，原庄园之人不能越界追捕，必须得到犯人藏匿地的庄官同意才行。

庄园的不入权也扩大到了债权的回收，某一庄园的百姓不交年贡而趁夜逃至其他庄园，没有当地庄官的许可，原庄园之人就不能追捕，逃亡百姓在流亡地也可继续成为百姓。另外，交齐年贡后前往其他庄园，是并非下人身份的百姓的正当权利。无论何时都能从头再来，便是中世庄园的世界。

由于庄园拥有的不入权，庄官、名主对领域内资源的利用不受外部限制，可以自由经营农业。年贡、公事中要缴纳给领主的物品已规定下来，必须要生产出来，但镰仓时代末期年贡普遍可以用钱代缴，则这一制约也消失了。

庄园各异的升

各种权限被不同庄园分割后也产生了不便。让当代庄园研究者头痛的一点是，计量米、麦、油等的升随庄园不同而不同。摄关时期以后，各国根据不同用途而使用不同的升，至后三条天皇时，朝廷规定了称作"宣旨升"的公定标准升。但在后来设立的领域型庄园，使用何种升是其自由，于是出现各庄园使用不同升的局面。

比如用东寺领矢野庄例名领家方的升量出来的 1 斗，用同样是东寺领的山城国上久世庄的升来量，就是 1 斗 1 升 2 合 5 勺。也就是说，矢野庄的升是上久世庄的 1.125 倍。相反，用矢野庄的升量出的 1 斗，只相当于丹波国大山庄之升的 8 升 9

合。大山庄的升是矢野庄的 1.124 倍、上久世庄的 1.26 倍。(《东寺领诸庄园斗升增减账》)。即便是同一所庄园,播磨国矢野庄的领主名重藤名用来计量年贡的升,比其他百姓名所用的升约大 6%。在播磨国的鹈庄,存在政所计量年贡时使用的会米升、在市场交易时使用的里十合升,以及计算领主名吉永名年贡时使用的吉永升,其比率是 1 ∶ 1.2 ∶ 1.3。庄园的账簿里,常常出现换算不同升数值的"延定"这一计算。

庄园的土地利用

庄园的土地被如何利用,又形成了怎样的景观呢? 首先,可以均一引水灌溉的平地会用作水田。人们在河中筑堰以水渠引水灌溉,或会利用山间溪流作为水源。他们也会排出沼泽的水将之变为水田。无法引水灌溉的平地用作旱地,栽培小麦、大麦、大豆、赤豆、荞麦、大麻等作物。对于山地,人们放火烧山后将烧完的地用作旱地,经营火耕农业,栽培荞麦、粟、旱稻等。他们也从山林里采集构树皮、黄瑞香皮来造纸,也会采漆。

庄民在河里捕鱼,有的地方也在河中设置簗这种竹帘,捕捉上游下来的鱼。肥后国人吉庄(熊本县人吉市)在流经庄内的宗河(胸川)设了 3 处簗,分别由南北地头方及领家方所有。

今天庄域内的川边川河畔，还留有柳濑[1]这一地名。

山中则有作为猎场的狩仓。人吉庄有 20 多处狩仓、7 处夏狩仓。沿海地区的庄园附有捕鱼、制盐的浦。淡路国 23 处庄园中有 15 处设有浦，其中 2 处庄园还有 2 块浦（《淡路国大田文》）。在若狭国，浦被作为与乡、庄并列的单位。

名主、庄官的宅邸

名主的宅院多建在平地中的微高地或山谷深处。现在的村子，住宅多集中在一处，但这是 13 世纪后半叶集村化发展的结果，在此之前民宅多是四散的散居景观。每处宅地都由木栅栏、竹林、可作麻布原料的苎麻紧密构成的篱笆围绕，称作垣内。垣内是房屋用地及自用旱地，栽培一些麦豆等谷物以及蔬菜。宅地附近有桑田用来养蚕，有些也有栗林。

庄内要地建有下司、地头等庄官的宅邸。庄官的宅邸多以壕沟环绕。例如远江国内田庄下乡（静冈县菊川市下内田）的地头内田氏的宅邸遗址高田大宅遗迹，由南北长 93 米、东西长 70 米的土墙环绕，上小笠川的河道被作为护城河。遗迹旁边有古川神社，西侧有通向信浓国的大路。可知宅邸多选在可以控制庄内水源、交通便利的要地建造。庄官的直营地多在宅院附近，称作"门田"。

---

1 "柳"和"簗"的日语发音相同，"濑"则指代浅滩。——译注

领家派到庄园的预所也会建造办公用的政所。预所未必会常驻庄内，所以也会使用豪农的宅邸作为政所。

庄园内的新田开发

在镰仓时代的庄园内部，人们积极开发新田。肥后国人吉庄在建久九年（1198）丈量水旱田的检地中有 352 町水田，建历二年（1212）的检地中出现 111 町 5 反出田（新查出的水田），宽元二年（1244）又登记了 21 町 2 反的新田，50 年不到水田增加了 40%。播磨国矢野庄例名在正安元年（1299）的检地中，本田 93 町 2 反之外另有 54 町 9 反新田，水田增加了 60%。备中国新见庄在文永八年（1271）的检地中田地增加了 50%，播磨国田原庄（兵库县福崎町）在正应四年（1291）的检地中田地增加 60%，可知整个镰仓时代庄园的田地增加了 40%~60%。

地头对这种新田开发贡献甚大。对于安房、上总、下总等国，镰仓幕府在文治五年（1189）奖励召集安置浮浪之人以开辟荒野的行为；正治元年（1199），幕府又命令东国地头开发方便取水的荒野。幕府也出台了法令，规定地头开发的田地归其所有。这条法令似乎不适用于全国，但适用于人吉庄，出田、新田归地头所有，无须向领家缴纳年贡。备中国新见庄中 32 町 3 反的出田，也有 1/5 是地头的给田。

新田的开发方式取决于庄园的地理条件，在平原地带是开凿女堀那样的水渠，或者重修湛井水渠那样的大规模的引水渠。人们也在旱地挖掘蓄水池或者建造水渠，改旱地为水田，位于山麓地带的播磨国矢野庄，20%的新水田源于旱地。沿海地区也如尾张国富田庄（名古屋市中川区）那样，对平浅海域实施围海造田。

与水田开发并行的是旱地的开发。水旱田地的比例因地理条件而各异，在平原地区的和泉国日根庄（大阪府泉佐野市），文历元年（1234）的检地数据中，水田79町2反、旱田10町，则水旱田比率在9：1。矢野庄在正安二年（1299）的检地数据中，水旱田比率约为7：3。旱地约七成是种植小麦的夏旱地，剩余三成是种粟、荞麦的秋旱地，可视作火耕地的山旱地只占1%。不过，应该有很多未登记在土地台账上的山旱地。

到了镰仓时代后期，围绕山野边界、水渠设施的使用，庄园之间频现纠纷，庄园内部耕地的扩张也到了极限。领域型庄园的独立性成了围墙，超越庄域的大规模开发十分困难，所以此后各庄园专注领域内的小规模开发，以及变换土地用途，寻求最优化配置。他们在山谷内建造蓄水池而开辟出谷户田，在改道后的河滩上开辟出河滩田，将沼泽的水排空而开辟出洪田。此外他们为将微高地开辟为水田而掘土深挖，并用那些土堆出旱田，谓之岛畑。他们还取土堆高低湿地作为水田，取土之处被用作水渠，并在渠两侧堆出垛田。

农业的集约化与多样化

在中世的庄园，农业的集约化也得到发展。当时的人们使用"刈敷"，即将从山野砍下的草木及其烧出来的灰铺在水旱田上作为肥料。这是自古以来的农法，但领域型庄园的成立明确了庄民对山野的占有权，促进了草木的利用。百姓普遍饲养牛马后，堆积其粪尿、垫草使之腐化后产生的厩肥也得以利用，帮助恢复了因二熟制而贫瘠的地力。

选择水稻种类在平安时代即已进行（参见第 36 页），镰仓时代则分作早稻、中稻、晚稻。而且，镰仓时代后期引进了新品种大唐米。这是以中南半岛南部的占城王国为原产地的水稻，粒小而细长，短期便可收获，在干旱、贫瘠的田地上也能茁壮成长，因此在容易受旱灾的西国普及开来。不过它黏性不好、口感差，交易时与其他米分开且价格便宜。

旱地农业也和平安时代一样，谷物中种植麦、荞麦、大豆、赤豆、豇豆、粟、黍、稗等作物，蔬菜类种植芋、芝麻、牛蒡、黄瓜、韭菜、葱、豌豆等。作为手工产品的原料，人们也会栽培制作灯油的紫苏、做榻榻米和席子的蔺草、作为染料的红花。

12 世纪后期以后，有夏、冬两度征收旱地地租的例子，则旱地的二熟制出现。旱地二熟制一般是夏天种大豆、秋冬种麦，但也有夏天种紫苏、冬天种红花的做法。如下章所述，在镰仓后期，人们也采用了水田二熟制，即在水稻收割后的水田复种小麦。镰仓幕府禁止对复种的麦子征收年贡，故二熟制得以普及，15世纪也出现了稻、荞麦、麦的三熟制，令赴日的朝鲜使臣吃惊（《老松堂日本行录》"应永二十七年六月二十七日"条）。

牛马的畜力耕作也普及起来，以名主为首独力务农的百姓，几乎可以说肯定会饲养牛马。文治二年（1186）闯入伊贺国鞆田庄（三重县伊贺市）的检非违使（维持治安的职位）扣押了百姓的二十匹牛马，文历元年（1334）备后国大田庄的预所代官以拖欠年贡为由扣押了百姓的牛，因不喂养致牛饿死而遭诉讼。拥有广阔原野的东国则以马代牛耕田。

中世的庄园使用了铁制农具。根据在山城国上野庄（京都市西京区）耕作六反多田地的百姓的财产目录，可知他有一匹牛、牛拉松土的唐锄、平整土地的马锹、人力耕田及土木工程中使用的锹、砍草木的钺（《上桂庄检封家屋杂具注文》）。若狭国太良庄的小百姓（小规模的农民）家里也有两把锹、一把钺、一把斧头。截至平安时代，牛马、铁制农具为领主所有，借给百姓使用，但到了中世，这些已成为百姓之物。

2 庄园之人

百姓与下人

住在庄园里的人处在何种社会关系之下呢？首先，身份上存在巨大区别的是有特定主人而来去受限的下人，与没有主人来去自由的百姓。这种身份差别不一定带来经济的贫富，也存在侍奉有力者而与一般百姓生活相同甚至更宽裕的下人。较上层的下人被称作"所从"。

在中世庄园，人格上隶属于那些由在地领主担任的庄官的下人、所从，与只承包庄园水田耕作而无人格隶属关系的自由百姓一起劳作。比如在纪伊国鞆渊庄（和歌山县纪之川市），庄民中有"名百姓"与"庄百姓"之别，名百姓耕作庄园的下司、公文所持名田，负担庄官赋课的夫役。庄百姓耕作剩余的百姓名，负担庄园领主高野山赋课的夫役。

关于对待下人，镰仓幕府数次发布法令，规定使唤逃亡下人十年后，所有权随之更替；下人生男随其父、生女随其母等（《御成败式目》第四十一条）。下人的孩子仍是下人。

不过，下人频繁逃亡。净土真宗的创始人亲鸾上人的妻子惠信尼生活在越后国，弘长三年（1263）在给女儿觉信尼的信中（镰仓时代普通女性所写生活上的私信能留存下来，非常罕见），感叹长年侍候自己的两个男性下人在正月间逃亡，没有办法种地，未来很不安。惠信尼当时是八十二岁的高龄，家里没有成年男子则难免如此感叹，但实际上她家里还有女性下人七人、男性下人一人。不过从惠信尼的书信中，我们可以看到下人也和家庭成员一样生活的光景。

镰仓幕府的法律也涉及如何对待百姓，其中禁止地头逮捕逃散百姓的妻子、夺取其财产（《御成败式目》第四十二条）。百姓遭遇不公正对待时有逃散的权利，夺取没有拖欠年贡等负债的百姓财产是违法行为。只要交清当年的年贡、公事物，迁到其他庄乡是百姓的自由。

名与名主

中世庄园独特土地制度的单位是"名"。摄关时期的负名是以一年到数年为时间单位的承包，而在中世庄园，名的持有权称作"名主职"，成为可以子孙相传的百姓家产。不过名主职的任免权在庄园领主手中，在领主更替等情况下，庄园建制变化重大，则以往的名主职也会失效。

名的分割方式因庄园不同而各异，不过一般百姓拥有的名似以 2 町左右为标准。比如大和国池田庄（奈良市池田町），庄园的田地被均分为 11 个 2 町左右的名[1]，各名附有 1 反的宅基地。康元元年（1256）的若狭国太良庄由 2 町 9 反的时泽名，2 町 8 反的真利名、劝心名等 1~3 町规模的名构成。在美浓国大井庄，庄官拥有巨大的名，而百姓名以 1~2 町为多。宽元二年（1244）的肥后国人吉庄拥有经德名（35 町）、常乐名（25 町 4 反）、松延名（29 町）等大规模的名，也有 10 处左右的名规模为 2~3 町。

---

1 这种形态在学术上被称作"均等名"。——译注

名也附有旱地。例如播磨国矢野庄的真藏名，除 2 町多水地，还有旱地 9 反左右，位于表示住宅及其周围的"住内""古住""垣内"之地。这些附带房边自用菜地、桑林的富裕百姓住宅也会作为"在家"，成为不同于名的课税单位。

名主如何耕作属于名的水旱田地是其自由。他们大多将一部分交由名主自家及下人直接耕作，剩余部分拿出来分给小百姓租种。小百姓承包时，名主会向其征收叫作"加地子"的地租。加地子是年贡的一两倍。摄关时期设置在公领之上的私领收益也叫作"加地子"，但请注意这个词的意思已经发生了变化。

庄园中有预所、地头直接经营的田地，称作"佃"。佃的年贡、公事被免除，收益全部由佃的所有人获得。当时也有直属于庄园领主的田地，不编入名，称作"一色田"。一色田由庄园领主直接承包给小百姓，没有名主收取的那部分税费，所以课征两倍左右的年贡。若名主职因持有者拖欠年贡、逃亡等原因而被没收，其田地就会被并入一色田。

下司、公文等庄官常常拥有大规模的领主名。美浓国大井庄的下司拥有占全庄田地 14% 的石包名（55 町 5 反），其手下的公文拥有面积达 17 町 5 反的国吉名、田所拥有 22 町 7 反的公珍名。备后国大田庄的下司拥有各达 20 町的福富名、宫吉名。播磨国矢野庄领家方的公文寺田氏，拥有重藤名等 31 町 3 反的名田，所持田地几乎为领家方田地的一半。这些庄官名应主要由庄官的下人、所从耕作。

村与镇守神社

名是耕作、征税的单位，而庄园中的地域区块被称为村、乡。例如播磨国矢野庄例名分作上村、下村，备中国新见庄分为里村、奥村，和泉国日根庄分为鹤原、井原、入山田、日根野四村。备后国大田庄也有赤屋村、宇贺村、上原村等村。这些村指代的是远超近世村落的广阔领域，矢野庄的上村领域内有 11 个近世村落，下村也成立了 13 个左右的近世村落。

近世时期，村是行政单位，但庄园制下的村尚未被列入制度之中。不过村超越了各个名，以及下地中分（参见第 150—153 页）的领域，居住在村里的人互相帮助，祭祀村的镇守神社。

到了中世后期，比起庄园和名，村落间的团结逐渐变得更重要，总乡、总村以负责镇守神社寺院祭祀仪式的宫座为基础逐渐形成（参见第 229 页）。

庄官与给分

在庄园所在地，有负责经营的各类庄官。最上级的庄官称作"下司"，由设立庄园时捐赠免田的在地领主担任，掌握当地的全部庄务。这一下司职成为军功的恩赏对象，由镰仓幕府掌握任免权时，就成了地头职，除原有职务外还要承担幕府赋课的御家人役。公文是管理、编写庄园各种文书的职位，多作为辅佐下司的庄官而居于庄内各村。田所是处理庄园土地关系之账簿的职位，图师则熟知庄园内水田旱地的所在，绘制平面图或图纸。庄内也有维持治安的追捕使、押领使。这些下级庄官的任免权常常在下司、地头与领家之间争夺，但大多由下司、地头掌握。

庄官享有各种各样的收益。他们不仅获得免除年贡、公事的给田，免除公事的杂免田，还得到对百姓的田地征收加征米之权。在完成征收年贡等庄务的时候，他们也会征收手续费。

例如拥有田地 300 町左右的备后国大田庄桑原方的下司，除享有给田 3 町、杂免田 50 町、免桑 50 余株以及每反征收 5 升加征米之权外，还可以征收每反 5 合米、每名 2~5 升的上分米及上分麦，每一在家苧麻 1 目、桑收获量的 1/3，作为兼任的总田所的俸禄。另外，庄官可在每年 5 次的节会之际征收布 4~6 丈（1 丈约 3 米），下司上京办事时收取钱别物，缴纳年贡之际则征收每石三升的纳所[1]收益。此外，庄官还拥有对各村的公文、总追捕使、神主的任免权。

庄官有时也会征发百姓耕作自己的水田旱地。对于庄官刀祢，和泉国唐国村的百姓在旧历五月的插秧期要带耕牛为其劳作 3 天、割草 1 天，六月播种麦子时带耕牛劳作 3 天、培土 1 天（《唐国村刀祢百姓等置文案》）。不过这些劳役随时代发展或被废止，或改为用钱代纳。

1　收纳年贡的所及负责人员。——译注

预所

作为领家的使臣而被派遣到庄园，负责指挥下司等处理庄务的官吏称作"预所"。预所未必常驻当地，而是在处理检地、散田、收纳年贡、庄内纷争等重要业务时前往庄园打理庄务。预所也获得各种各样的收益，备中国新见庄的预所享有给田3町。备后国大田庄规定，新的预所获任后，下司赠送5反6丈布，公文赠送3反6丈布，田所、总追捕使处赠送1反6丈布，预所前往当地先有3天的接待，回京之际下司要向其赠送6丈布、公文则赠送四丈布。

执行领家命令的预所，多与当地的下司、地头对立，成为纷争的源头。不过，也有从本家的角度称领家为预所的例子。

各类职业民

庄园内有各种各样的职业民居住，类似庄官一样享有给免田。在备中国新见庄，建造木建筑的大木匠，锻冶、修理铁制农具及铁制品的铁匠，操船的船夫，被视为造纸工的"檀纸"，制作木器的旋木匠都获得了给免田（《文永八年总检田目录、实检取账》）。新见庄向庄园领主东寺缴纳纸张作为公事，一直持续到战国时代。

在肥后国人吉庄，往来球磨川的舵工获得五町给田，陶器细工师、桧物师也获得杂免田。当时应该也有游历各地的巡游匠人到庄园，庄园方面授予在庄民生活、生产活动上必需的匠人给免田，设法让他们定居下来。

3　庄园的经济

庄园的年贡

中世庄园以名、在家为单位课征各种税。主要的税是年贡。根据田地的丰瘠，年贡大抵是每反 2~7 斗左右的米，庄园领主直营的一色田则是普通田地的 2 倍。

水旱田地一反的年贡额称作"斗代"。斗代的比例因庄园不同而异，加之各庄园使用的升不同，此数值更难正确比较。不过建久八年（1197）石山寺领田地中的 3 斗代田地占 73%、2 斗代田地占 27%，平均为 2 斗 7 升。建永元年（1206）大和一品位田的 3 斗代田地占 46%、2 斗代田地占 54%，平均为 2 斗 5 升。宽喜元年（1229）山城国上野庄的平均斗代是 3 斗 6 升。

镰仓时代每反所收粮食增加，庄园的斗代似乎也略有上升。比如伊豫国弓削岛庄，文治三年（1187）的田地平均斗代是 3 斗 5 升，到文永七年（1270）增为 3 斗 9 升。正和五年（1316）的山城国上野庄因在河滩上开发了高收成的河原田，平均斗代达到 7 斗。

关于旱地的斗代，文治五年（1189）弓削岛庄有 1 斗 5 升代的麦地 20 町 3 反、1 斗代的麦地 1 町。正安元年（1299）的播磨国矢野庄，种植麦、大豆之田地的斗代是 2 斗 3 升，种植荞麦的是 2 斗。正和五年（1316）的山城国上野庄有 2 斗代、1 斗 5 升代的麦田，平均是 1 斗 8 升。在收获额上，水田与旱地看上去也有很大差别。

年贡的物品

年贡基本用米计算，但实际上不限于用米缴纳。以近畿地方为首，包括能够利用海运的濑户内海周边诸国及九州庄园主要用米缴纳，但其他地域多用绢布、麻布这样也作为实物货币的物品缴纳。

编纂于平安时代的《新猿乐记》，列举了阿波绢、美浓八丈绢、常陆绫、武藏镫、能登釜、但马纸等诸国特产。越后布、越中布、信浓布也是著名的优质麻布。

美浓国、尾张国有很多以绢织物为年贡的庄园。美浓国大井庄名田一町课八丈绢 1 匹，全庄缴纳绢 161 匹左右。八丈绢是一匹长 8 丈（约 24 米）的绢织物。同国茜部庄（岐阜县茜部）也对 50 町水田赋课绢 100 匹、对 30 町旱地赋课丝绵 1000 两。尾张国枳豆志庄（爱知县武丰町）缴纳八丈绢 29 匹多，同国安食庄缴纳绢丝 67 两左右。

北陆地区也有很多以绢为年贡的庄园，丹后国三个庄缴纳六丈绢 260 匹、越后国丰田庄（新潟县新发田市）每町田地缴纳 5 两丝绵。根据伊势神宫的御厨提交的报告书，以绢为年贡的庄园密布于美浓、尾张，且包括东海道的伊势、远江，东国的武藏、下野、常陆，山阴的丹波、若狭、伯耆、但马，北陆的越前、越中。

以麻布作为年贡的庄园也为数不少。麻布由苎麻、大麻纤维编织而成，有白布、细布、美布等品种。远江国初仓庄（静冈县烧津、岛田市）向领家高野山缴纳米 1980 石，向本家宝庄严院缴纳 4 丈白布 330 反（此处的反是匹的一半）、6 丈细美布 14 反 4 丈。越前国牛原南庄缴纳白布 50 反、麻布 50 反。下总国相马御厨（茨城县取手市）缴纳四丈布 507 反、二丈布 127 切。根据先前的伊势神宫收到的报告书，缴纳白布的御厨分布在东海地区的尾张、远江、骏河，东国的相模、武藏、上野、下野、下总、安房，信浓，日本海沿岸地区的越中、丹后、能登。

在濑户内海的诸岛中，有很多以盐为年贡的庄园。在伊豫国弓削岛庄，大型名田有田地 3 反 240 步、盐浜 200 步，小型名田有田地 2 反 240 步、盐浜 150 步，前者的年贡是用大俵计量的盐 17 俵、后者的是 12 俵半。

在出产高纯度的真砂铁砂的中国地方[1]山区，分布着以铁砂作为年贡的庄园。备中国新见庄中，吉野村一村就缴纳 273

---

1 日本的"中国地方"指的是九州与畿内中间的区域，大体相当于今天的兵库县西北部、鸟取县、岛根县、冈山县、广岛县、山口县。——译注

两（每反田课征 5 两）的铁。伊豆国也出产铁砂，以铁作为年贡缴纳给伊势神宫。另外山阴地方的但马国也有很多以纸张为年贡的庄园。

庄园的公事

年贡以外的杂税叫作"公事"。公事是向庄园领主、庄官提供他们所需的零碎物品及劳务，以名、在家为单位交纳。其中包括提供庄园领主节日庆典所需物品、耕作庄官直营田地、招待庄官及提供饮食等。

例如若狭国太良庄的末武名，为准备接待来庄预所的"三日厨"，百姓须缴纳白米、黑米；为准备分配一年耕作地的劝农仪式时的宴饮，百姓须承担向地头缴纳味噌、盐、鱼等食材的"百日房仕役"；交纳大豆以替代耕作旱地的劳役。对于领主东寺，他们需要在夏天缴纳皮绵，派一人在京都劳作 15 日，在五节[1]时缴纳钱 167 文，折敷（餐盘）、合子（盖碗）、皿等餐具，花纸（用鸭跖草染色的纸，浸水后可作颜料使用）等。此外，四节时则要提供杂点心，另外还要负担盆供（盂兰盆节的供物）、草席、榛子等。这里的杂点心是指水果。

在肥后国人吉庄的经德常乐名，百姓要向地头缴纳类似花纸的移花 3 枚半、陈皮三连 8 枚、续松（火把）68 把、白

---

1 古代日本有人日、上巳、端午、七夕、重阳五个节日，合称"五节"。——编注

箸 68 双，176 株桑树所课的绢布 4 匹 6 丈、丝绵 466 枚，白苎 12 两、染色皮革 6 枚半。

在丹波国大山庄，百姓向领主东寺缴纳每户在家苎麻 30 组、移花纸 15 枚，以及娑罗子、板栗、生栗、柿饼、葛根、平菇、干蕨、魔芋、核桃、牛蒡菜等各种各样的山珍，桶、脚盆、杓子、折敷等手工制品，年糕和五节时的果子等。伊豫国弓削岛庄除年贡盐以外，还要缴纳牡蛎、海带、苎麻、帘子作为公事。

除这种规定的公事外，庄园领主根据需求也会赋课临时公事，在任命庄官之际命其负责"恒例、临时御公事"。建久五年（1194），上总国橘木庄（千叶县茂原市）制定了上皇赋课临时公事时的处置规定。

庄园领主的消费

赋课给庄园的年贡、公事，是领主按计划摊派下去的年度消费物品。八条院领的安乐寿院本御塔，将每月的经费分摊给属下各庄园负担。正月到三月的经费是播磨国石作庄的年贡 180 石，四月的是赞岐国富田庄的年贡 100 石，五月到九月的是赞岐国多度庄、丰后国长野庄的年贡 227 石，十月的由长野庄负担，十一、十二月的由阿波国名东庄（德岛县德岛市）负担。美浓国粟野庄缴纳的八丈绢，用来支付给春秋二季忏法会时延请的僧人，以及给鸟羽上皇祈冥福的三昧僧。上野国土井出庄（群马县片品村）缴纳的优质细布充当三昧僧的夏装，普通白布作为三昧僧及下级僧人预、承仕、花摘等的俸禄。但马国水谷社缴纳的弘纸用于寺院门窗使用及忏法会时的布施。出云国佐陀庄（岛根县松江市）缴纳的草席用作榻榻米。此外，每年安乐寿院还要消费各庄园缴纳的粗草垫135枚、炭126笼、火把1444把。

另一个大规模庄园群长讲堂领也是如此，长讲堂的节会仪式、六条御所运作所需物品和劳役，分摊成为76处庄园、末寺的公事（《建久三年长讲堂所领目录》）。垂帘、凉席、榻榻米要配合正月三日的节日交纳，此外四月、十月的换季期间也要献纳榻榻米。麻布用于布施受邀参加彼岸会的僧人，正月三日及三月的御八讲（讲解、赞颂《法华经》八卷的法会）之际要进献铺地的白砂。以上物品基本都由庄园承担，而每天的食材"御菜"也交由东至信浓、西至肥前的30余处庄园负责，每一所庄园在每月固定日期进献食材。

也有一些带有地域色彩的物品。七夕、重阳佳节之际用来招待宾客的水果由丹波、丹后的庄园承担。大概是需要当地的特产香瓜。白钵（白瓷钵）、酒瓶、醋瓶由陶瓷业繁荣的尾张、美浓庄园进献，木制食器盖碗、盘、钵由旋木师（使用旋盘的木匠）活跃的北陆道越前、加贺及山阴道的丹后、伯耆的庄园贡纳。通宵照亮御所的19000把火把，由山阴道的丹波，山阳道的播磨、美作、备后、安艺、周防、长门，南海道的纪伊、阿波、伊豫的庄园分担。这大概是因为这些地域广布松林。铁制的斗纳锅（能容一斗的大锅）、铁轮（架锅的三脚铁架）由北陆道的能登，山阴道的伯耆，山阳道的播磨、美作、安艺的庄园承担。中世的能登国冶铁业繁荣，石川县轮岛市门前町就有一处大规模的中世冶铁遗址饭川谷遗址。中国地方古来也是冶铁业繁盛的地区。

庄园领主也征调兵丁及人夫。六条御所正面有四足门、西洞院北门、六条门、杨梅小路门、油小路门5座城门，由各地庄园交替派人值守。一门的守卫共1000人次左右，合计要征调5262人次。御所中负责杂事的仕丁也轮月征调，合计达2422人次。加上其他人夫，则长讲堂领庄园每年要派出9000人次以上兵丁、人夫。此外，京都附近的山城、大和、摄津、丹波四国的庄园也有义务提供临时人夫，以处理节日祭典、行幸、年末扫除等事。

庄园领主征收的这些物品、劳务，在上一个时代多是国司从任国征收的物品中进献给贵族、寺社的封物。有了庄园，庄园领主就可以不经国衙而收纳必要物资，有需要的话也能临时征发。可以说，中世庄园的经济结构是以摄关时期诸国发展出来的特产采集、加工及手工业生产为前提，由权门之间分割这些产品，并直接掌握地方的体制。

流通和仓储、运输行业的繁荣

在摄关时期，将受领征收的官物、临时杂役运送至京都的官方物流机构已经发达，但在中世，这一物流机构中出现了商业性的承包者。因为庄园是领主的私领，用什么方式运输年贡是其自由。

问、问丸是居住在濑户内海、北陆地区等海运航道重要港津、都市、宿场町，从事庄园年贡、公事的保管、运送、水陆转运、买卖等业务的仓储物流业者。12世纪，山城国的桂有"户居男"、淀津有"问男"、木津有"问"。他们被庄园领主任命为问职，作为一种庄官从事年贡的运输，但逐渐兼任多处庄园的问职而扩大经营规模。

镰仓时代，淀川及木津川沿岸的淀津、鸟羽、木津，琵琶湖周边的大津、坂本，日本海沿岸的敦贺、小浜，濑户内海的兵库等水运年贡物的装卸港有许多问丸活动。问丸不仅从事庄园年贡的运输、保管，也逐渐涉及商品处理的业务，开始从事商品的转运、批发及零售。这样一来，下一章要谈到的用钱代缴年贡、公事导致其商品化的状况，就近在眼前了。

庄园的市场

庄园里开设市场。市场设在庄域陆地交通的要地或与水运的节点。庄官、庄民、周围居民与京都来的商人进行种种交易。市场并不是常设的，镰仓前期多是一月开市三次的三斋市，后期也出现每月开市六次的六斋市。

备中国新见庄有三日市庭（由世市庭）、二日市庭（上市）

这两处市场。三日市在逢三的日子（三日、十三日、二十三日）开市，二日市是在逢二的日子开市。三日市位于高梁川从北向东拐弯处的江心洲上，自高梁川可经船运与濑户内海直接相连。室町时代，此市场有七栋店铺，各收 32~100 文钱。二日市庭，是下章会讲到的庄园下地中分以后由地头方新设的市场，也被认为在高梁川沿岸。

在描绘时宗开创者一遍上人之生涯的绘卷《一遍圣绘》中，有弘安元年（1278）冬天，一遍与强迫妻儿出家的武士在备前国福冈庄（冈山县濑户内市）市场上问答的场面，生动描绘出当时庄园市场的样貌（图7）。这个市场被认为靠近吉井川河口，绘卷中也画出靠岸的河船。市中有五处店棚，一处卖米及禽鱼，一处卖布匹和鞋子，一处卖酒和腰袋等，一处出售备前烧的大陶瓶，最后一处卖刀剑等。正在数钱贯（以绳穿着的 100 文钱）的女性商人、串街弹琵琶的男子、挑着鱼干的行商、乞讨的男子、拉着幼子的女性、玩耍的小孩，聚集在庄园市场的各色人群活灵活现，趣味盎然。

《一遍圣绘》也描绘了不在开市之日的信浓国佐久郡伴野市（长野县佐久市）的模样。此市也有五处店棚，但背面的芦苇帘子已被撤下而任凭风吹日晒，成为乞丐的栖身之所，野狗、乌鸦成群结队。这样寂寥的光景也是中世庄园的风景之一。

图7 《一遍圣绘》（摹本） 备前国福冈市场的画面。国立国会图书馆电子化资料

4 信仰世界与庄园绘图

庄园的信仰世界

日本中世既是武力的时代，也是宗教的时代。如建造御愿寺的事例所示，上皇、贵族投入莫大财富陆续建造密宗、净土宗寺院，举行庄严华丽的法会。神佛习合加深，八幡神被视作出家普度众生的八幡大菩萨。祭祀菅原道真的北野天满

宫的祭神也成为天满大菩萨，并被视作观音菩萨的化身。武家也虔诚信仰神佛。因先祖源义家在石清水八幡宫神前行成人礼，并被称作"八幡太郎"，源赖朝在镰仓建造鹤冈八幡宫寺，将之奉为武家守护神。

庄园领主支配的中世庄园，也是宗教色彩浓厚的世界。领域型庄园一旦立庄，大多时候就会迎造关系密切的神社，奉为庄园的镇守神社。比如摄关家领及春日社领就会建造春日神社，贺茂社领建造贺茂神社，上皇多次参诣熊野三山，则上皇的院领就建造熊野神社。在石清水八幡宫领有的庄园，称作"别宫"的八幡宫分社成为主体，并附有若干水旱田地。

庄园领主更替，镇守神社也不会更替，原有的神社继续成为庄园的镇守神社。庄园的镇守神社拥有负担祭祀费用等的神田，祭祀由下司等庄官负责，汇集全体庄民的信仰。

在庄园成立之前，也有当地民众信仰的神社，以及有力民众建立的寺院。中世庄园设立以后，这些寺社被圈入庄园的领域，获得佛神田或免田，祭祀费用也由庄园领主承担。

播磨国矢野庄有总镇守神社大避宫、下地中分后成为地头方镇守神社的天满神社、位于庄园北部上村的岩藏神社、作为南方新开地雨内之镇守神社的伊垣神社等 4 座神社。大避宫有 2 町 7 反神田、1 町 2 反讲田，天满宫有 5 反神田，岩藏社则有不到 5 反的神田。天满宫的供品、流镝马的费用也列入预算之中。另外，此庄还有被认为由庄官及有力名主建立的光明寺、生龙寺、若狭寺、福寿寺、三野寺、福胜寺、安养寺、熊藏寺等寺院，各自设有寺田。时代越往后，这些寺院及镇守神社就越多。

庄园中还有设立庄园之核心的在地领主一族，以及后来继承庄官地位的地头一族的氏神及氏寺。比如安艺国三入庄（广岛市安佐北区）的地头熊谷氏，在宅邸内祭祀崇道天皇（桓武天皇同母弟早良亲王的追谥），在视作熊谷氏氏寺、氏神的新宫、今宫、山田别所、若王子宫举行祭祀及修法。其外，他们作为庄官，也参与完成三入庄镇守神社八幡宫、大岁神的神事。

在描绘中世庄园的绘图里，庄内寺社常被画成朱红色的雄伟建筑。在星星点点的朴素庄民家宅中，寺院、神社的鸟居和社殿成为非常显眼的地标。

何谓庄园绘图

让人真实感触到中世庄园的线索是庄园绘图。设立庄园时划定边界、与邻庄发生边界纠纷、庄内的边界问题，以及下地中分划界等，诸多原因使得当时之人绘制此图。不少庄园也设有身为庄官的图师。

纪伊国桛田庄（和歌山县桂町笠田）是后白河上皇建立的莲华王院领的庄园，在为重兴神护寺而奔走的文觉上人强烈要求下，此庄被捐赠给神护寺。《纪伊国桛田庄绘图》（图8）

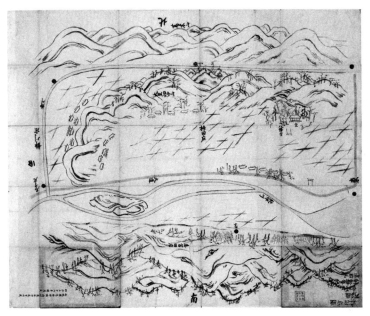

图 8　《纪伊国桛田庄绘图》(摹本)　东京大学史料编纂所藏

右上有镇守此庄的宝来山神社，山边及道路沿线是百姓的房子，中央处绘有水田旱地。庄园外围绘有从此庄东北流向西南的静川，以及流经南部的纪之川。绘图中的五个黑圆点是庄园边界的标识，或树立木告示牌或填埋大石。此图重要的一点是，边界标识被画在静川、纪之川的对岸。这是在主张静川的水归桛田庄、纪之川的江心洲也属于桛田庄。江心洲也被开辟为旱地或水田。

　　顺带一提，桛田庄的故地有文觉井这一水渠（参见第

101 页）。此水渠自绘图右上、庄园东北的静川取水，越山而出宝来山神社之下，灌溉庄园水田。至于如何穿越山岭，则是因其从海拔很高的静川遥远上游处引水，开凿出很长的水路穿越山谷间。文觉井是否是文觉时代所开凿之物尚有议论，但它确实是一条一般人难以想象的奇特水渠。

《尾张国富田庄绘图》

尾张国富田庄（名古屋市中川区）被认为是在 11 世纪后半叶成立的摄关家领的庄园。随镰仓幕府成立而设置的地头职，在弘安六年（1283）由当时的执权北条时宗捐赠给了圆觉寺。此寺传下来的《尾张国富田庄绘图》（图 9），描绘了设立于庄内川汇入伊势湾处的广阔庄园之姿。

此绘图中重要的一点是，它描绘了各处相连的堤防，可知此庄以堤防隔离平浅海域而开拓田地的景象。绘图右下部画有自中央处河流延伸到海边的堤防，与未开发的滩涂之间做了隔离。左下部也画了自河堤延伸至海边的堤防，其内侧也有以堤坝分割的方形区域（富长、福富）。这是在滩涂上筑堤以开辟田地，在其外侧继续筑堤以增加田地的痕迹。开发未必全都顺利，左下端像是有破堤的痕迹。

庄民的房屋坐落在稍高的土地上，以有四重塔的成愿寺为始，各处都有森林环绕的寺院、神社的模样。在《海道记》等镰仓时代纪行文学中登场的萱津宿也被绘出，通向富田庄

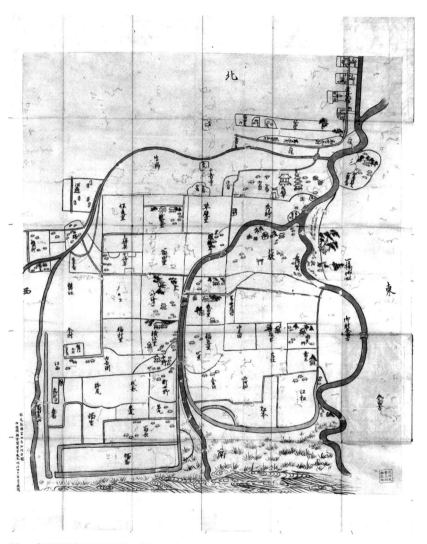

图 9 《尾张国富田庄绘图》（摹本） 东京大学史料编纂所藏

的道路上还架了桥。绘图上所记的"春田""户田（富田）""长须贺""助光""蟹江""榎津""服部"等地名如今仍留于当地。成愿寺的位置留有"千手堂"这个地名，成愿寺的子寺自性院则存留至今。

《和泉国日根庄绘图》

和泉国日根庄是文历元年（1234）设立的九条家领的庄园。《和泉国日根庄绘图》清楚展示了建于扇形地貌的庄园开发模式。绘图最上方的寺院，是担任庄官的源盛长作为氏寺所建的无边光院，执行庄务的政所应该也位于此处。寺院边上有八王子神社，路边设有浴室这一点颇可玩味。

绘图右上方被森林包围的神社祭祀大井关明神，其下方的神社祭祀沟口大明神。一条水渠在此引流经图右侧的樫井川，灌溉图右的"本在家"田地。绘图左侧的田地位置较高，不怎么能使用水渠，而是由画在绘图左端山麓的蓄水池灌溉。这个蓄水池的水源也来自樫井川上游等处，可见庄园内构筑了巧妙的水利灌溉系统。

绘图的中下部画有"荒野""寺内荒野"，有数处建有蓄水池并开辟了小规模水田，但还有很多开发余地。这张绘图显示了利用河川水坝的水渠灌溉与蓄水池灌溉相结合的中世庄园的典型形态。

第七章

镰仓后期的转变

1 职的一元化

地头请

在 13 世纪开始的镰仓时代后期，中世庄园制迎来了几个重大变化。镰仓幕府无视上位领主对公领的郡乡司职、庄园的下司职拥有的任免权，将这些所职作为地头职授予御家人，但知行国主、国司及本家、领家的领主权并未被否定，地头继承了缴纳年贡、公事的义务。虽说如此，失去庄官任免权的本家、领家的地位仍遭到削弱，地头与领家围绕庄园支配的纠纷频繁发生。

解决这个问题的办法大致有两种：一是领家将庄乡支配的全权委任给地头，由其负责缴纳一定额度的年贡、公事物，此谓"地头请"[1];二是分割领家与地头的支配领域,彼此互不干涉、各掌自己的领域,此谓"下地中分"。

在东国,地头请自幕府成立之初就已出现,但在其他地域,仁治元年(1240)越后国奥山庄(新潟县胎内市)的地头三浦和田氏与领家签署承包契约是较早的案例,契约规定地头向领家缴纳年贡100石、御服绵1000两,预所则停止进入庄内。承久之乱后,新补地头入庄,领家与地头之间的纠纷频发并诉至幕府法庭,结果常常是签署承包合同作为代替判决的"和与"(相当于现代法庭的和解)。比如,备后国地毗庄本乡(广岛县庄原市)是以莲华王院为本家、以安井宫为领家的庄园,承久之乱后山内首藤氏作为新补地头进驻,与领家发生纠纷,诉至六波罗探题的法庭,延庆元年(1308)双方达成和与。和与的内容是庄园交由地头支配,今后领家的使臣停止入庄,而地头不管收成丰歉,每年要向领家缴纳45贯钱。不过在"天下一同之大损亡"(日本全国的农业灾害)的情况下,领家可派检使前来查看。地头若违背此规定,领家可停止承包合同。

下地中分

但是地头请等于领家放弃庄务权(执行庄园的检注、劝农、收纳年贡等的实质支配权),能否期待掌握庄务权的地头

---

1 "请"意指"承包"。——编注

如约缴纳年贡成为疑问。于是，至少想确保部分庄务权的领家，就选择与地头分割支配领域、彼此互不干涉的下地中分。

下地中分的早期案例，有正嘉二年（1258）伯耆国东乡庄领家松尾大社与地头东乡氏之间进行的下地中分。在幕府的保证之下，水田旱地及山野在领家、地头之间几乎等分，并制作了详细的绘图（图10）。这张绘图上南下北，中央处是东乡池，北面接日本海。从图中可知，南部的水田和山野东西分割，西北部的水田、东北部的牧场南北分割。文永十年（1273），备中国新见庄的地头新见氏与领家也进行了几乎等分的下地中分。

镰仓幕府在永仁元年（1293）将下地中分的适用范围扩大到新补地头以外的地头，积极用它解决领家、地头间的纠纷。承久之乱后，中泽氏作为新补地头进入东寺领丹波国大山庄，仁治二年（1241）此庄成为缴纳年贡米200石、夏旱地子麦10石等的地头请所。但地头持续拖欠年贡，东寺诉至幕府法庭，永仁二年（1294）幕府下令进行下地中分，将相当于承包年贡的水田25町、旱地5町及若干山林交还领家东寺。不过被交还给领家方的地区是谷户田的一印谷、必须从邻近庄园分水的西井田村，不是农业条件适宜的地方。

播磨国矢野庄例名在正安元年（1299），也在领家藤原范亲与地头海老名氏之间进行了下地中分，水旱田地及山野几乎等分，但海滨区域的归属仍留有争议。东寺领伊豫国弓削

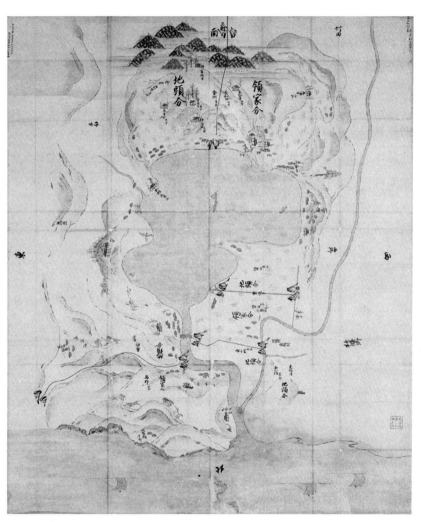

图 10 《伯耆国东乡庄下地中分图》(摹本) 东京大学史料编纂所藏

岛庄也在嘉元元年（1303）进行下地中分，水旱田地、山林、盐滨等，领家占 2/3、地头占 1/3。

实施下地中分后，可以认为领家部分、地头部分在支配方面已经是两处庄园了。不过之前定下来的是这两部分一起缴纳的年贡、公事物数额，如今名田分割给两方，无法分割的名田就需要向双方缴纳年贡。庄园的祭祀在分割后也依照旧例，在播磨国矢野庄，地头所属的天满宫举行的流镝马费用也由领家承担一部分。下地中分毕竟只限于年贡、公事的收取与审判等支配领域，对庄民的生活似乎影响不大。

本家与领家之争

本家与领家之间也会出现领主权的纠纷。和领家与地头之间一样，这种纷争大抵会以下位领家占优的结果告终。比如根据最胜光院领正中二年（1325）的账簿，23 处庄园中一大半都有领家拖欠年贡的情况。越前国志比庄（福井县永平寺町）的领家是嵯峨中纳言，本来应向本家最胜光院缴纳年贡丝绵 1000 两、国绢 1000 等，但近年缴纳的丝绵减少到 660 两。播磨国桑原庄本乡的领家是山科中将入道，此庄年贡为 50 石，但近年减少到相当于 15 石份额的 15 贯钱，弘安元年（1278）后又以地头非法行为为由减少到 10 贯。肥前国松浦庄（佐贺县唐津市）的领家是贵族菅三位，此庄年贡为 50 石但减少到 30 贯钱，文永七年（1270）后称蒙古来袭而分文不缴，弘安三年（1280）缴纳了 15 贯，但次年蒙古又来袭，年贡从此断绝。领家拖欠本家年贡虽是地头、庄官拖欠领家年贡的连锁反应，但镰仓时代的本家已没有院政时那般强大的权力，难以制止领家的抗命与离心。

仿效镰仓幕府而完善的朝廷裁判制度，也朝着保护领家权利的方向发展。裁判制度的完备作为德政本义，也即"良善政治"之一环，在本家、领家纠纷时以将所职返还给本来的所有者为原则进行裁决。这些判决禁止本家恣意更换领家，大抵根据文书记录有据的传承道理来决定领家职的归属。结果，就像领家因地头职的设置而失去人事权一样，本家也失去了对领家的任命权。

不过本家、领家之争也未必是领家一直获胜。嘉历元年（1326）后醍醐天皇将最胜光院捐给东寺，东寺就开始着手确保最胜光院作为本家所持掌的庄务权。备中国新见庄只向本家缴纳油 5 石等物品，领家小槻家收取了大半年贡。东寺利用此庄公文一族内讧，另外任命了一位公文与小槻家任命的公文并立。这位新公文在当地的势力斗争中取胜，东寺顺势掌握了庄务权，确保了年贡钱达 317 贯的领家职权益。小槻家被从庄务中排挤出去，只能收取缴纳给东寺年贡的 1/7。

本家、领家同台争夺庄务权的事态，表明了本家这一阶层的变质。本家位于庄园领主权的最高位，并不受谁任命，也不对谁承担义务，因此正确来说，它并不是职。但是领家、庄官脱离本家自立，本家为维持领主权而被迫直接掌控庄务，所作所为也就和领家一样，"本家职"这一称呼就出现了。在围绕庄务权的纠纷中获胜，取得庄园实质支配权的庄园领主被称作"本所"。

职的重层性瓦解

镰仓时代后期，地头等庄官脱离领家自立、领家也从本家自立（或是本家排除领家）的事态发展，一处庄园具有三层领主权的状态崩溃，一处庄园的领域开始由一个领主支配。这种事态被称作"职的一元化"。因为这一动向，以天皇家、摄关家的本家为顶点，其下是作为领家的贵族、寺社，其下是作为庄官的在地领主这一金字塔型的"职的体系"就崩塌了。

镰仓幕府尚存时，这个支配体制的动摇并未那么表面化。幕府通过法庭审判来解决围绕职的一元化而产生的争端，抑制动辄以实力扩大权益的地头，保护领家、本家的权益。本家、领家之争发生在贵族社会中，幕府对此虽表面上保持中立，但私下行使决定权，防止不测事态爆发。

但是这也是表面上的和平。正如新见庄的例子所见，三层领主中谁能掌握庄务权，很大程度上要看谁掌握了在当地负责实际庄务的公文等当地庄官。在当地，庄内庄外的有势者围绕庄官地位争夺不休。在镰仓时代后期的社会，职的一元化产生的压力不断累积。

职的一元化所带来的结果，也即由一个领主单独支配的庄园领域被称作"一元领"。幕府御家人支配的一元领称作"武家一元领（武家领）"，贵族、寺社支配的一元领称作"寺社本所一元领（寺社本所领）"。武家领承担幕府的军役，寺社本所领则不必承担，这一区别比庄园还是公领的区别更重要。因此，镰仓后期开始的庄园制也被称作"寺社本所一元领、武家领体制"。

2 从饥馑中复兴

宽喜饥馑

如前章所述，镰仓时代庄、乡的新田增长，农业集约化发展，生产力提高（参见第123—125页）。但是农业是靠天吃饭的行业，如若异常气象来袭，提高生产力的努力等瞬间付诸东流。袭向镰仓时代民众的这种事态，就是宽喜二至四年（1230—1232）的宽喜饥馑，以及正嘉二至四年（1258—1260）的正嘉饥馑（图11）。

1230年的夏天是个异常的冷夏。六月九日（公历7月27日）中部地方至关东地区下起雪，美浓国生津庄积雪二寸（约六厘米），信浓国大雪纷飞，武藏国金子乡也下了冰雹。住在京都的藤原定家也因为天寒而穿上绵衣。七月十六日（公历9

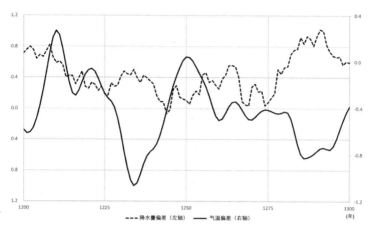

图 11　13 世纪的气候

月 1 日）诸国降霜，几如冬天。八月八日（公历 9 月 23 日）
台风侵袭，临近收获的水稻遭受重创。

　　严重歉收已成定局，人们的不安情绪扩散。十月，藤原定
家刨掉庭院里的盆栽开辟麦地。次年六月能收获的麦子，是
熬过大米吃完后的过渡期的宝贵粮食。但这一年的冬天反倒
是异常的暖冬。定家听闻诸国已经有人食用成熟的麦子，并
在十一月二十一日（公历次年 1 月 2 日）目睹麦子抽穗，惊
讶时节宛如常年三月（公历 4 月）。但是早熟的麦子成为不灌
浆的二茬麦，人们失去了贵重的续命粮。

　　在米吃尽、麦子未结籽的宽喜三年（1231）六月，道路、
河滩上遍布饿死者的尸体。七月疫病流行，贵贱之人皆死。

定家获得领家职的伊势国小阿射贺御厨，六月二十日到七月上旬之间死亡 62 人，庄民顾忌死秽而无人进京。

到了秋收期，饥馑略有缓解，但旱灾导致收成可怜。严重的问题是，播于旱地的麦种不足，出现了 3 斗麦要用 1 石 2 斗米来交易的价格颠倒现象。通常米价是麦的两三倍。第二年四月，朝廷改元贞永，但饥馑依旧不休。五月，京都河滩上密布饿死者，被认为是流感的咳病流行至六月。宽元四年（1246）纪伊国阿氏河庄（和歌山县清水町），名主或死或逃，消失的名田达 21 处。

根据"过去 2000 年全球变化网络"（参见第 23 页）项目集成的东亚夏季平均气温，1231 年的是 90 年来的最低温，1232 年的是 112 年以来的最低气温，1233 年是公元 800 年以来的最低气温，1234 年则更新记录，是截至现代的 1200 年间最低气温。此后低温持续，1238 年才恢复到了 1230 年的水平。这个时期东亚诸国的情况应该都很糟糕。有观点认为异常气象源于厄尔尼诺现象，但详细原因并不清楚。

正嘉饥馑

宽喜饥馑二十多年后的正嘉二年（1258），镰仓日本遭受了异常低温再袭带来的正嘉饥馑。前年七月到十月间印度尼西亚林贾尼火山群中的萨马拉斯火山大喷发，火山灰遮蔽太阳光照，导致了此时的异常气候。这一年六月迎来了二三月那样的天候，冬天一般的寒气吹来，八月台风又数度侵袭。此年五谷不登，第二年的正元元年（1259），严重饥馑与疾疫灾害接踵而至。京都从春至冬，死者遍路，伊豫国弓削岛庄的杂掌（相当于预所）因饥馑而向领主请愿免纳年贡。

饥荒持续到第二年，七月，日莲在向前执权北条时赖提交的《立正安国论》中写道："天变、地夭、饥馑、疫疠遍满天下，广逬地上。牛马毙巷，骸骨充路。招死之辈既超大半，不悲之族敢无一人。"

正嘉饥馑沉重打击了好不容易要从宽喜大饥馑中复苏的农村。这一年镰仓幕府准许因饥馑而流浪的农民在山里采集山芋、山药，在河海里捕鱼和捞海藻，命令地头不许横加阻拦。农民不得不舍村逃亡，在山野河海里采食过活。

根据分析古人骨以推定弥生时代至江户时代日本人寿命的研究，中世前期的日本人寿命最短（长冈朋人《以生活史为轴的中近世日本人骨之生物考古学研究》）。宽喜、正嘉饥馑对此现象有不小影响吧。

朝廷、幕府应对饥馑

从低温化的程度和持续时间来看，宽喜饥馑也许是日本史上最严重的饥馑，而它与不久后袭来的正嘉饥馑组成的两连击，则可以认为是自圣武天皇时代天花导致人口丧失 1/3 以来最大的危机。

对于这一危机，镰仓幕府与朝廷都做出了真挚应对。朝廷在贞永元年（1232）颁布了《公家新制》四十二条，镰仓幕府在同年八月发布了《御成败式目》五十一条。《公家新制》规定了向民众发放救济粮、讨伐山贼海贼、取缔强盗行为、清扫道路和桥梁、禁止遗弃病人及孤儿等。《御成败式目》虽然没有直接应对饥馑的条目，但它禁止地头扣押逃散百姓的财产及妻儿，也有关于如何处理因饥馑而增加的下人的条款。天福元年（1233）幕府还发布法令，取消百姓对地头的提供厨役（供应地头饮食等事）。

在严重饥馑中食不果腹的百姓家想生存下去，就不得不卖身为下人，或者把妻儿卖给买主养活。在宽喜饥馑之际，镰仓幕府发布法令，认为人身买卖虽是违法之举，但饥馑期间特许买卖，且允许将养活的饥民充作下人。不过该下人只能在主人在世时使唤，不得转手买卖，也禁止传给子孙。幕府为防止更多百姓堕入下人之列，还下令禁止延应元年（1239）四月以后的人身买卖，如果买卖已成，只要卖主把所收钱款交给幕府，就能解放此下人。

水田二熟制的普及

这一时期扩大的水田二熟制，也许就源于以这次大饥馑为教训的百姓的自保举措。就像藤原定家预想到第二年饥馑而毁掉庭园种植麦子那样，人们自古就在预想到大米歉收的

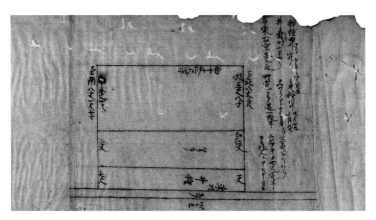

图 12 《八条朱雀田地差图》京都府立京都学·历彩馆藏

情况下，在稻茬地里种植麦子。不过经历了宽喜、正嘉饥馑
中的众多死亡或被迫沦为下人的事态后，百姓开始考虑恒常
性地在冬天排了水的干田里再种一季粮食。若能复种麦子，
收获期就能一年两次，不仅可作为应对天候不顺的避险措施，
在风调雨顺时，也可增加收入。

　　水田二熟制的早期例子见于宽元二年（1244）。此年京都
朱雀大路部分路面改作的农田（此类田地称作"巷所"）被
卖掉。据图 12 所示卖地时候的附属文书，当时这块东西 10
丈 2 尺 4 寸（约 31 米），南北 8 丈 2 尺（约 24 米）余见方的
土地，种稻时播 4 升粮种，种麦时九月播 7 升、十月播 8 升麦种。
麦子分两次播种，是因一半水稻是晚稻（《东寺百合文书》せ
函古文书《八条朱雀田地差图》）。

有了新的收益就要对其课税，是古今东西所有领主都做的事情，不过镰仓幕府禁止对二茬麦上税。文永元年（1264）幕府下令称，诸国百姓在收割田稻后在原地播种麦子，领主称之为"田麦"而加收年贡是不当的税法，今后不许对田麦征收年贡，田麦收成全归农民。对于麦、大豆的二熟制，两项都要交税，则收取田麦交税也可理解。但幕府大概吸取了之前饥馑的教训，鼓励百姓风险对冲。

水田二熟制也并非都是优点。耕作劳动量增加，地力消耗导致必须施加厩肥等，都是它的缺点。难以排水的湿田无法复种。前述巷所中，靠近沟渠的一丈宽土地被指示说在九、十月种植作为草垫、榻榻米原材料的蔺草，大概就是因为这个区域排水不好。种植蔺草时不必施肥，但图中指示种麦子就要撒一二两肥料，可知复种麦子必须施肥。即便如此，实施水田二熟制后，第一茬的水稻仍会减产。

3 货币流通的发展

宋钱的流通扩大

13 世纪后半叶出现了可谓划分日本经济史的大事。那就是铜钱的大量输入，使日本社会真正向货币经济转型。平氏政权的时代，宋朝的铜钱已经逐步流入，治承三年（1179）"钱病"流行，渡来的铜钱开始渗透到人们的日常生活之中（参见第 101—102 页）。朝廷在文治三年（1187）、建久四年（1193）发布了禁用宋钱法令，但无法阻止这股潮流。

原本东海地区、东国的庄园年贡物品绢、布也作为实物货币使用，米也具有实物货币的性质，因此这些物品具有置换成钱币的基础。对于居中处理年贡缴纳的问丸等物流、仓储业者来说，将年贡物品换作钱币，在运输效率、销售方面十分有利。上乘绢布与粗劣绢布在缴纳年贡上同为一反，但作为商品来说，前者能卖出高价。实际上，在上乘绢的产地，年贡绢以次充好的行为层出不穷。中世的庄园制建立在私人契约的连锁之上，不受国家法规束缚，便利做法就得以传播。

关于为何不用日本货币而求中国货币的问题仍有争论，但原因是当时能够入手大量优质货币吧。宋朝在 10 世纪后半叶后持续铸造大量铜钱，到 11 世纪初年货币铸造额达 30~100 万贯，11 世纪后半叶则达到 600 万贯（60 亿枚）。如此规模的铸造持续了 200 年，即便宋朝政府进行回收，其蓄积量也不可胜算。顺便一提，平安时代日本的铜钱铸造量是每年 3500 贯（350 万枚）。

铜钱外流果然成了问题，1199 年，南宋禁止将铜钱携往日本、高丽。高丽没有宋钱流通的形迹，因此他们应是以宋钱作为日高贸易的产品。当时统治华北的金朝遭蒙古侵略，为调集军费而滥发纸币，1215 年又为维持纸币价值，颁布禁止铜钱流通令。结果钱币大量流入南宋，也有相当大数量的钱币流入了日本。仁治三年（1242），与幕府关系密切的贵族西园寺公经准备的贸易船，据说向日本国内输入了10万贯钱币。这一时期土地买卖中使用货币的比例增加到往常的两倍，山城国土地买卖契文中有八成是用货币交易。

年贡绢的货币化

宋钱的流通扩大，也带来了年贡的货币化。以钱币缴纳年贡，首先是把用作实物货币的麻布、绢布换成钱。弘长三年（1263），镰仓幕府命令以钱代缴麻布之年贡。但另一方面，延应元年（1239）它又禁止前往陆奥的商人携带铜钱（《镰仓幕府追加法》第九十九条），以抑制陆奥百姓要求用钱币代纳绢布之年贡。对于高价值的绢布，庄园领主要求得到实物，但以绢布为商品的流通发展就与年贡的缴纳形成了竞争关系。

仁治三年（1240），越后国奥山庄规定用钱缴纳年贡米、御服绵时，米1石当铜钱600文、绵1两当铜钱800文。美浓国茜部庄自文永二年（1265）开始允许部分年贡用钱缴纳，但面对要求实物的庄园领主东大寺，地头一方主张全面以钱缴纳，并诉至幕府法庭。他们表示自己此前出售庄民缴纳的大米换钱，购买绢绵缴纳年贡，但近年绢绵价格高涨，米钱已经不足。可见大米已经用钱买卖，优质绢布的产地美浓国的绢价也水涨船高。

铜钱的大量输入

蒙古帝国在 1234 年灭金，1271 年，忽必烈建立元朝。1279 年元灭南宋，统一中国。蒙古继承了金朝的货币制度，发行名为"交钞"的纸币，1277 年为促进纸币流通又禁止使用江南铜钱。人们不得已，或将铜钱卖给商船，或将其重铸成什器。

商船满载着中国不要的铜钱，前往日本、安南、爪哇等地。1323 年，其中一艘不幸沉没在朝鲜半岛西南部全罗道新安郡海域。对当代历史学者、考古学者来说幸运的是，昭和五十年（1975）此船在海底被发现，也即得知当时贸易实况之重要资料的"新安沉船"。

一般认为新安沉船是为了筹集京都的东福寺，博多的筥崎八幡宫、承天寺的重建费用而派遣至中国，在宁波完成贸易后于归途中沉没。船内除陶瓷器等大量唐物之外，还载有重约 28 吨，数额约 8000 贯（800 万枚）的铜钱。日中之间每年有二三十艘的商船往来，如果它们都携带新安沉船同量的铜钱，则日本每年输入 20 万贯（2 亿枚）左右的铜钱。

年贡米的货币化

铜钱输入的扩大，也带来了以米为首的全体年贡物品的货币代缴。若狭国太良庄自文永七年（1270）开始以钱币缴纳年贡米的拖欠部分，正应三年（1290）以 15 贯钱缴纳部分本年贡，文保元年（1317）、元应元年（1319）缴纳年贡时米、钱各半。之后这里暂时恢复到用米缴纳，但元弘三年（1333）后原则上用钱缴纳。

在播磨国矢野庄，贞和五年（1345）76石的年贡米以米、钱各半缴纳，即米38石、钱30贯900文，第二年以钱代缴大豆、荞麦、粟，米用实物缴纳，第三年之后则全部以钱代缴。这样，以钱代缴米从13世纪末开始，经过与实物并行缴纳的阶段，到14世纪前半期除个别例外已经全部变成以钱代缴了。

旱地年贡的麦子以及大豆、粟、荞麦等作物，油、铁等特产品，比米更早地实行以钱代缴。延庆元年（1308）的丰后国大野庄中村总方（大分县丰后大野市），年贡中的180石米及布以实物缴纳，但97石麦中约1/3用26贯450文代缴。在丹波国大山庄，水利条件差的西田井村百姓在正和四年（1315）要求以钱缴纳年贡并获批准。在备中国新见庄，缴纳铁年贡的高濑村比缴纳米年贡的其他村更早以钱代缴。

前章所介绍的五花八门的公事物也逐渐货币化了。在备中国新见庄的俊宗名，白皮折钱450文、垂帘折钱100文、移花二枚折钱100文、守备役折钱200文、狩役折钱280文、三日厨折钱216文、弓折钱100文等，诸多公事实物皆以钱代纳。不过名主百姓向庄官纳钱的领域限于各类公事物，米、麦仍以实物缴纳。将米、麦换作钱是庄官的工作。

年贡货币化的影响

对于庄园领主来说，年贡货币化回应了他们都市生活的货币需要；对于问、问丸来说，它提升了年贡物运输的效率、提高年贡物商品化的收益；对于庄官来说，它带来了输送年贡的便利性、兑换所得的利益；对于百姓来说，他们借此可以从筹集杂多公事物以及夫役中解放出来。可以认为它是在四方利益一致的情况下发展的。但是，这种为求便利而将年贡、公事换作钱币的行为，在庄园领主与庄民关系上应该会带来不小的心理层面变化。

我们将时代稍稍上溯，在藤原赖通建立平等院并获得各处进献庄园时，他将各庄收获的稻米各取少许，排列在长柜的顶盖上，命人插上写有"某某庄米"的小木牌并对比质量，以河内国玉栉庄（大阪府东大阪市）所产稻米为最优。以实物缴纳年贡，可以开这种质量品评会，但以钱币代缴，则哪个庄园交上来的都只是一串串铜钱而已。百姓上京到庄园领主那里当差服役还能和领主见面，但以钱代役后就没这些事情了。三日厨是预所到庄时，百姓接待他三天饮食的差事，但这也是预所与百姓之间建立人际关系的机会。

在缴纳实物年贡的时代，领主牵挂年贡米的收获，预所与百姓之间留有宴飨的记忆，但以钱缴纳年贡后，这种带有人情味的联系烟消云散，彻底回到冰冷的金钱交易关系。在衡量之后庄园制的变貌问题上，这是一个不可忽视的变化吧。

港湾城市的发展

由于年贡的货币化，各地都出现了汇集年贡、公事物并向京都装船出货的港湾城市。在注入濑户内海的芦田川河口的江心洲上，有一个叫草户千轩（广岛县福山市）的港镇。如"千轩"之名一样，这里曾是热闹的市镇。据草户千轩遗址调查，此地13世纪中叶村落成立，13世纪后半叶到14世纪初发展为由道路、沟渠分割的市镇。遗迹中出土了备前烧、常滑烧的大陶瓶，漆器及漆涂具，小刀及菜刀柄，中国进口的青白瓷器，朝鲜及安南进口的白瓷等。《一遍圣绘》里描绘的高脚木屐、板羽球拍以及用来诅咒的人偶也有发现。另外，此地大量出土了写着"白米三斗""十二贯三百""つの（津之）乡""さかえ（堺）"等内容的货标、木简，可见它起到经芦田川运来的物资之集散、加工、贩卖，以及连接濑户内水运的作用。

在广岛县的尾道，随着备后国大田庄的设立，距离该庄三十公里左右的濑户内海沿岸的尾道村成为保管、转运年贡物资的仓库区，并由此发展为港市。13世纪在史料上出现了港市"尾道浦"，文永七年（1270）此地开始征收关税。元应元年（1319），此地据说发展成"以船津之便，富户鳞次栉比"的景象，守护也盯上了其利权。

靠近当时日本领域最北端的津轻十三凑，也于13世纪初成立，13世纪后半叶至14世纪扩大为以栅栏、土墙区隔的市镇。这些港湾城市的发展，与铜钱的流通扩大、年贡货币化是一脉相承的。

有德人的成长

一些人以这种港市等地为活动据点，通过收取年贡、买卖年贡物积累了莫大财富。当时他们被称作"有德人"，即有福德之人的意思。下面介绍的和泉国法眼[1]渊信就是其中一例。渊信担任高野山领备后国大田庄的庄官，以仓储区尾道浦为据点活动。他任该庄的桑原方的预所约二十年，永仁五年（1297）开始兼任大田庄的预所。大田庄的百姓和其他庄官对此抗议，正安二年（1300）告至领主高野山处，要求罢免此人。

根据庄民的诉状，渊信不体恤民众，年贡略有拖欠就扣押百姓的牛马。高野山领的预所本应由操守高洁的僧侣担当，渊信外表为僧，却娶妻成家，把儿子任命为预所代官，蓄养部下数百，并让几十个女性日夜伺候。他虽是年纪约八十的老人，但出入尾道浦时要抬出五六张板舆，骑马女侍数十骑、家丁百余骑，两三百人前后相拥，阵势浩大。旁人若靠近就会被毫不容情地打一顿，威风超过一国守护。这样一位简直是传奇小说中出场的人物却实际存于现实之中。

渊信的巨富家当，源于他身兼大田庄等数庄庄官而收取年

1　日本律令制度下的僧位有三阶，依次是法印大和尚位、法眼和尚位、法桥上人位。——译注

贡、私吞年贡、赚取年贡兑换时的差价，并把所得财物贷给备后国内外庄园而获利。庄官将年贡米换成钱时要向庄园领主报告称作"和市"的市场价格，但只要虚报价格，或巧妙选择出售时期、出售市场，庄官即可赚到差价。对那些作为年贡物而收集上来的物品进行加工、贩卖应该也能获取利益。年贡货币化使一人可兼作庄官、金融业者、手工业者而获取巨富，创造了以往不曾有的经济模式。

渊信被高野山重用，是因为他作为大田庄桑原方的预所，与高野山一起上告地头三善氏的不法之举并获得胜诉。可见渊信还兼备今天所谓律师的能力。

4 恶党与镰仓幕府体制的动摇

什么是"恶党"？

在镰仓时代后期不断发展的职的一元化、货币流通之中，被称为"恶党"的人群应运而生。当时"恶"这个字不只有坏的意思，也带着拥有超群能力、胆气、体力而令人畏惧的含义。

在镰仓时代后期，庄园之间的边界纠纷，将庄园所在地卷入其中的领家、本家之争，领家与庄官、代官之争等频繁发生，当事两方在镰仓幕府的法庭对簿公堂，在诉讼中就会把对方的行为指斥为"恶党"行径。

恶党登场的纷争大体分作四类：一、中小在地领主趁着职的一元化趋势而欲扩大势力，由此导致纷争；二、随着年贡货币化的普及，庄园代官的职务有利可图，围绕此职产生纠纷；三、随着货币流通的发展，港市成长起来，围绕此地利权发生纷争；四、被这些纷争当事人雇佣以提供武力的"无赖汉"集团的暴行。

作为恶党的第一个事例，我们可以举出播磨国矢野庄的寺田恶党。第四章提及过的寺田氏，自称是开发久富名的秦为辰后裔，世袭矢野庄例名（矢野庄在1167年划出了别名，余下部分称作"例名"）的公文职，是拥有巨大的重藤名等田地的在地领主。承久之乱后，来自关东的海老名氏作为地头入驻，公文寺田氏也屈居其下，但领家、地头进行下地中分后，寺田法念把自己的名田移到领家一方，试图在那里扩大势力。

法念也企图向南禅寺领的别名方扩大势力。正和三年（1314），寺田一族及家臣、例名的山僧（延历寺僧侣）代官、别名的前代官一起攻杀了别名的下司矢野清俊，被时人称作"都鄙名誉恶党"（在都城和地方上无人不晓的恶党）。之后，矢野庄的领家职和重藤名被捐赠给东寺，法念拒绝交出重藤名而被逐出矢野庄，但他联合此庄被捐赠前的领家藤原冬纲强行闯入矢野庄。东寺派遣使节，与当地的有力名主共同抵抗，阻止寺田氏返回。

寺田恶党未能扩大势力，但成功的恶党有很多。弘安元年

（1278）左右，东大寺诉于幕府，称拖欠年贡的伊贺国黑田庄下司大江清定为恶党，使之遭到解职。然而更换后的下司大江观俊也是一样，东大寺再次向幕府起诉，可是观俊赖着不走，东大寺的支配变得有名无实了。

代官与恶党

就像寺田恶党中有例名代官、别名前代官一样，这个时期代行管理庄园、收纳年贡的代官数量增多。代官是受拥有领家职、地头职等所职的人委托而代行职权之人。所职有身份制约，持有领家职的是贵族、寺社，持有地头职的是御家人，但代行职权的代官不受此限。就如大田庄的渊信通过收取年贡、交易年贡物而积累莫大财富那样，年贡货币化使代行庄务成为财源广进的业务。山僧、禅僧，日吉社、祇园社的神人，借上、酒屋等金融业者，近邻的豪强居民等各类人物都涌入此行。

在播磨国大部庄（兵库县小野市），领家东大寺任命赞岐公为代官，但此人与据说是楠木正成祖先的河内楠木入道等人一起拷打百姓，并拖欠年贡，因此被罢免。续任代官是垂水左卫门尉繁昌，但也因为拖欠年贡而在永仁二年（1294）被解职。然而他率领数百恶党杀回庄中，夺取年贡、牛马、资财，掠走百姓妻女，并割取稻子，恣意施加暴行。

在伊豫国弓削岛庄，延庆元年（1308）辩坊承誉就任预所代官，但做出在农忙时期扣押百姓耕牛等非法行为。另一方面，承誉因将从赞岐国来袭的数百骑恶党击退之功而被任命为正式预所。正中元年（1324）他被解职，随后率领数百恶党杀回来，赶走了新任预所，被称作"名誉海贼"。

港湾市镇与恶党

恶党登场的第三种纷争，即围绕港湾市镇之利权的恶党事件也频繁发生。元应二年（1320），备后守护长井贞重的代官圆清、高致父子率领数百人打进尾道浦，烧毁数座神社佛阁以及尾道浦政所、千余间民房，并杀死了预所的代官行胤，掠夺大船数十艘及年贡等资财。高野山称其为恶党并上告。圆清、高致一方也把预所代官行胤的下属当作"当浦名誉恶党"而带走。也就是说，此事是圆清、高致作为守护方，行胤作为高野山方而争夺尾道浦的利权。

相当于今天神户港的大轮田泊，在平清盛整修之后，由重建东大寺的重源进行了大规模整修。为筹集费用，重源获允向靠港船只征收"升米"，过港船只所载米每石抽一升。征收这笔关税的机构是"兵库关"。升米的征收量之大，基本等同于一个令制国的税收，但它很快脱离了整修港湾的原本目的，单纯成为东大寺的利权。对此不满的大阪湾沿岸住人在正和四年（1315）袭击了兵库关。率领这次恶党的是经营高利贷的山僧治部卿律师良庆，参与者不限于兵库之人，居住在淀、尼崎、西宫、打出等广域地区的九十余人也参与此事。

在连接濑户内海与淀川的尼崎，元德元年（1329）鸭社领长洲御厨的番头江三入道教性等人，冲进东大寺领长洲庄，杀死了代官澄承僧都。教性也加入了兵库关恶党，并在京都三条高仓放火杀人。被杀的澄承曾任兵库关代官，但不纳年贡，且被控是闯入下鸭社领长洲、大物、尼崎等御厨及净土寺领杭濑庄的恶党。他们拥有广阔人际关系所支撑的武力，又具备法庭之上的诉讼技巧，围绕湾市的利权、湾岸或河口的新田开发争斗不休。

异类异形与恶党

在这种纠纷中，双方都雇佣帮手，由此产生以恩赏、金钱为酬劳而提供武力的"无赖汉"集团。根据记载镰仓时代末期播磨国事情的《峰相记》，恶党开始横行是正安、乾元年间（1299—1303）事情，那些人平日以博戏、窃盗为业，一二十人一伙加入战斗，或帮他人守城，或助他人进攻，背叛雇主也不以为意。当时的纠纷记录中常有"率数百人恶党"的表达，而构成这一集团末端的就是这些"无赖汉"，即恶党的第四种。

在当时人的眼中，他们的打扮是不像正经人的异形异类风格。恶党身着柿色的衣服，不戴乌帽子、不穿裙裤，头戴菅笠覆面，身背没有箭的粗劣竹篓，腰系秃柄或没有鞘的大刀，手持枪棒，不着甲胄。当时头戴乌帽子是成年男子的象征，从百姓到贵族皆是如此，以致成人仪式就叫"着乌帽子"。不戴乌帽子的只有出家修行的僧人，以及负责处理尸体等的非人。据说柿色的衣服也是非人的象征，也许恶党就是要把自己打扮成非人。但是恶党之中也有身份很高的人，戴笠蒙面大概是为了防止被人认出。

恶党乘着货币经济渗透的浪潮而积累财富，为达目的不惮行使武力，以破天荒的奇装异服脱离既有的秩序，从根底上扰乱了朝廷、武家协调并进的镰仓时代体制。自任是中世国家治安警察部门的镰仓幕府，应庄园领主的控告而命六波罗探题抓捕恶党。这反倒与新兴势力结仇，镰仓末年恶党的主要对手变成了幕府。

北条氏的独裁与反抗

13 世纪末，镰仓幕府也呈现出不安定要素。那就是执权北条氏以元日战争为契机而强化的幕政独裁化。

建立元朝的忽必烈多次遣使要求日本朝贡但被置之不理，文永十一年（1274），他出兵日本，军队从博多登岸攻入内陆，但遭到预想之外的抵抗而撤退（文永之役）。当时的执权北条时宗征调御家人承担异国警固番役，同时决定在博多湾沿岸建造石垒，不问武家领还是寺社本所领，动员所有九州民众参与防御工事建造。元军在弘安四年（1281）再度来袭，日军有效利用石垒阻挡其登陆，并执拗地进攻四处转移泊地的元军船队，其间公历 8 月下旬袭来的台风使元船大半沉没，元军把许多兵卒抛弃在面朝玄界滩的鹰岛，撤回大陆（弘安之役）。

日本击退了元军，但功臣北条时宗在弘安七年（1284）早逝。因对抗元军而集中的权力引发了争夺，第二年，侍奉北条氏嫡流家主（"得宗"）的御内人，与和将军结有主从关系的御家人的对立，引发了霜月骚动。此次动乱御内人一方获得胜利，北条氏的独裁体制确立，幕府的重要职务和守护职多被北条氏一族占据。这一状态称作"得宗专制"。

北条氏的权力似乎已固若磐石，但他们通过和田合战（1213）、宝治合战（1247）以及霜月骚动持续排除其他御家人家族，夺取受牵连的御家人的领地。比如毛利氏因在宝治合战中帮助三浦氏而受牵连，本领相模国毛利庄被没收，一族之中只有没有牵连此事的越后一脉幸存下来。北条氏也趁其他家族内乱而夺取其所领。拥有肥后国人吉庄地头职的御家人相良氏，因家族内讧，其人吉庄的北半部分被北条氏夺走。北条氏的这种行径，引发了所领被夺之人的怨恨，以及担心自己也遭此处置之人的不安。

御家人奋力抵抗元军，但此战并未获得新领地或赔偿金，幕府无法给予他们充分的恩赏。货币经济的渗透，导致抵押领地的贫困御家人数量日增，幕府虽在永仁五年（1297）发布《永仁德政令》，下令他们取回抵押领地以作救济，但效果

不彰。在经济状况日下的情况下，北条氏的荣华富贵引发了
御家人的不满。

第八章

南北朝、室町时代的庄园制

1　建武新政与南北朝内乱

镰仓幕府灭亡

在畿内近国恶党到处作乱的文保二年（1318）三月，后醍醐天皇即位。当时的朝廷通过镰仓幕府的居中安排，形成了持明院统、大觉寺统两个皇统轮流继承皇位的两统迭立局面，后醍醐天皇是作为大觉寺统的过渡天皇而被立的"临时天皇"[1]。他对这一状况不满，心怀推翻幕府之志。元弘元年（1331）八月，后醍醐从宫中脱逃，据守山城国、大和国交界的笠置山。

1　后二条天皇早逝后，其父亲后宇多上皇想要后醍醐天皇暂时即位，随后将皇位传给后二条天皇之子邦良亲王。——译注

庄园

以河内国赤坂村为根据地的楠木正成也举兵响应。推测是正成父亲的河内楠木入道是播磨国大部庄的恶党之一,与正成一起据守赤坂城的平野将监入道也是长洲庄恶党的一员。正成自己也是非法占据和泉国若松庄（大阪府堺市）并夺取该庄年贡的恶党（《天龙寺文书》）。笠置山陷落、后醍醐天皇被捕后,正成等人也依旧坚守赤坂城,戏弄镰仓幕府派遣的大军足足一个月。

后醍醐天皇被流放到隐岐岛,但元弘三年（1333）闰二月从岛上脱逃,据守伯耆国船上山,楠木正成及播磨国的赤松圆心等人再次举兵,各自坚守自家城郭。幕府再次派遣大军,但参加讨伐军的有力御家人足利高氏（后改名"尊氏"）背弃了幕府,率讨伐赤松的军队在丹波国倒戈,五月攻克了京都的六波罗探题。消息传到九州,少贰贞经、大友贞宗等九州武士攻落镇西探题,新田义贞的军队也攻入幕府的根据地镰仓,得宗北条高时等人自尽,镰仓幕府就此灭亡。

建武新政

还京的后醍醐天皇宣布持明院统的光严天皇即位无效,宣称"朕之新仪可为未来之先例"（《梅松论》）,开启了不拘先例的革新政治。这被称作"建武新政"。

建武新政在天皇统管一切的原则下推进。后醍醐天皇否定院政,也不设摄政关白。之后他虽设立征夷大将军一职但并无给予实权，御家人制度也被废除了（吉田贤司《建武政权の御家人制『廃止』》）。因为天皇直接掌握了武士，他们已不是将军的家臣。地方上虽并设守护、国司，但守护也由天皇任命。对于武士的封赏也由天皇直接发出的纶旨进行。

后醍醐天皇不仅没收了北条氏的所领，还颁布《旧领回复令》，允许原主收回被北条氏非法夺占的所领。因此要收回领地的人携带权利文书涌入京都，在京都二条河滩贴出的《二条河原落书》称之为"离开本领的诉讼人，背满文书一箩筐"。建武政府设立了处理诉讼的杂诉决断所，很快就因诉讼压力而扩大规模，职员也不足，被讽刺为"器用堪否全不管，决断所里不漏人"（决断所用人不看资质，谁都能进去任职）。

御家人制度被废，则御家人担任地头的制度也消失，地头职变得空有名目而已。本家由天皇家、摄关家担任的制约也消失不见，寺社、贵族拥有本家职、地头职，武士拥有领家职、本家职的现象随处可见。这些所职作为互不统属的土地支配权而同质化，镰仓后期开始发展的"职的一元化"就此完成。由本家、领家、庄官组成的金字塔型"职的体系"瓦解，各个所职都由天皇直接认定。

后醍醐天皇也很关注流通，元德二年（1330）饥馑之际，他定下固定米价以平粮价腾贵之势，禁止新设关卡以图流通顺畅。新政还计划发行钱币"乾坤通宝"，并考虑发行纸币，但不曾实现。

室町幕府的成立与南北朝分裂

后醍醐的政策在半个世纪后由足利义满实现大半，也算是有先见之明，但当时它们毕竟与现实脱离。尤其是天皇掌握军权有点勉强，新政由此出现裂痕。

建武二年（1335）七月，北条高时的遗子北条时行在信浓国诹访举兵。他获得了对新政心怀不满的武士的支持，军势大振，瞬间攻陷镰仓（中先代之乱）。足利尊氏请求天皇许可他讨伐时行并就任征夷大将军，但被拒绝，于是未获敕许就直接出兵打败时行军，收复了镰仓。

尊氏欲封赏有功将士，但其权限被天皇否定，不得已而擅自封赏。天皇将此举视作叛逆，派新田义贞率军讨伐。尊氏击败义贞，打进京都，但被从奥州追击而来的北畠显家击败，经海路逃到九州。他们在九州重整旗鼓，拥戴先前被废的光严上皇再次进京，废后醍醐天皇并掌握政权。建武三年（1336）十一月，足利尊氏发布了作为此后的施政纲领的《建武式目》，新的武家政权室町幕府诞生。

但是十二月末，后醍醐天皇从京都逃至吉野，宣称自己才是正统天皇。这就是南北朝的分裂。南朝起初势单力薄，人们觉得它左右不了大局，但室町幕府一方因"观应扰乱"而分裂。这场内讧因尊氏之弟足利直义与尊氏的执事[1]高师直之

1　辅助足利将军的职位，后来发展为"管领"。——译注

间的矛盾而起,受高师直逼迫而退隐的直义在观应元年(1350)拥戴南朝,起兵击败尊氏、师直。但尊氏与南朝讲和,重开战端,直义战败,文和元年(1352)二月去世。

第二年闰二月,南朝撕毁和议,攻入京都,掳走了北朝的废帝及皇太子。以直义养子足利直冬为首的旧直义派武将也加入南朝一方,室町幕府迎来了生死存亡之局。幕府虽让后光严天皇在没有三神器的情况下即位而渡过难关,但之后又遭遇数次幕府内部政治斗争失败的武将归降南朝的危机。

守护权力的扩大

南北朝内乱比起源平争乱更旷日持久,且未能以某处的决战分出胜负,而是在双方势力圈边界上持续攻防。室町幕府为了在战争中胜出,扩大了在前线战斗的守护权限,以便他们召集更多兵马、保障兵粮等后勤物资。

御家人制既被废除,在守护管内拥有领地的所有武士都有义务承担守护分配的军役。这些武士叫作"国人"。他们若不能提供充分兵力,就会被守护视作敌对行为,有时领地会被没收。

持久战中确保兵粮也非常重要,守护与麾下的武士非法占据贵族、寺院的所领以调集兵粮。室町幕府虽然想要限制这些举动,但1352年南朝方得势之际,幕府情不得已而发布了《半济令》。这一法令认可守护收取寺社本所领的一半年贡作为兵粮，而守护将此权限分给麾下武士。此谓"半济给人"，不过有些地方超出征收兵粮米的权限，连领主的土地支配权也夺走了。

除了兵粮米之外，守护也从寺社本所领征收军马的饲料、弓箭的材料竹木、取暖用的炭、建造山城的木材与人夫等。此谓"守护役"。接待前来征收守护役的守护使，将物资送到下达命令的守护代（守护之下统管一国的职位）、守护奉行人（服务守护的官吏）处也是百姓沉重的负担。

幕府禁止以武力解决土地纷争，命守护加以取缔。守护没收罪人、谋反者的所职将之作为"阙所"（无主的土地），委托给麾下武士管理。正式封赏所职是将军的权限，但守护可以暂时将之委任给下属。

守护还要负责强制执行幕府的决定。镰仓时代后期开始武力抵抗判决的行为频发，镰仓幕府派御家人两人一组，有时使用武力执行决定事项。这种执行称为"使节遵行"。室町幕府扩充了此制度，给予封赏或给出判决后，通例都命守护遵行。

守护也吸收了国衙机构。镰仓时代在厅官员大半都成了御家人，但国衙机构本身仍处于知行国主的指挥之下。到了南北朝时代，国衙的功能被守护权力吸收。例如在播磨国，留守所（参见第56页）的长官"国衙眼代"与守护赤松氏任命的守护代并存，但明德三年（1392）国衙眼代也由守护任命。国衙的功能被守护夺走后，知行国主就仅同管理庄园一样支配公领。

由庄园、公领的所职，半济地，阙所及后述的守护请所（参见第 206—207 页）等构成的守护领，成为守护的经济基础，也成为分给属下武士的给所。一部分国人从守护处分得给所，与守护结为主从关系，成为被官（臣属）。守护被官是守护军事实力的核心，被任命为守护代、守护奉行人等管理该国的核心官吏。

远隔领地的丧失

守护强化对任国的支配权，导致领主对远离常住地的庄园的支配变得困难。截至镰仓时代，只要拥有所职，即便该地位于东国、九州等远隔区域，年贡也会从那里送到庄园领主手中。东国武士因承久之乱的胜利而获得西国地头职，或让同族之人移居当地，或派遣代官管辖。但是内乱激化后，领主不在当地居住的庄、乡被当地守护或其属下的国人占据，没有武力的寺社本所领或者兵力不足的武家领常常被强占。

比如捐赠给东寺的最胜光院领，在捐赠的时候有 8 处庄园因领家拖欠年贡而失去控制之实，余下 12 处庄园中，备前国福冈庄的地头代不交年贡且拒绝东寺使者进入庄园。成为地头请所的越前国志比庄完全不缴纳年贡，东寺要求与地头下地中分但也遭拒绝。剩下的庄园基本是同样情况，东寺能够控制的只剩已经变成水旱田地的最胜光院房基地（后来东寺恢复了对四处庄园的支配）。

武家也一样难以支配远隔领地。以武藏国埼西郡成田乡
（埼玉县熊谷市）为根据地的成田氏，因承久之乱的战功而获
得了播磨国须富庄（兵库县加西市）的地头职，但其地头代
圆冈新三郎涉嫌臣服南朝方，此职被播磨守护赤松圆心没收
（后来恢复）。备后国国人山内首藤氏除根据地毗庄本乡地头
职外，还拥有本贯所在地相模国早河庄、信浓国下平田乡的
地头职，以及摄津国富岛庄地头职等所领，但相模、信浓的
所领在南北朝动乱中被人强占。安艺国国人熊谷氏的本贯所
在地武藏国木田见乡地头职，也被木田见孙太郎强占。当地
的势力排除了熊谷氏的支配。

这样，要维持南北朝、室町时期的庄乡支配权，只靠主
张文书所记的所职权利是不够的，必须要获得所职所在国
的守护权力的认可。守护也会更替，这时就必须要与新任
守护重新建立关系。得到将军的所领安堵状可以制约守护
的行动，但只靠此物也不够。在镰仓时代，镰仓幕府将主
从制的楔子钉进"职的体系"中，但在南北朝时代，守护权
力又横着插进来。

守护权力的界限

南北朝时代守护的权限扩大，对管辖国的支配力也得到强
化，被称作"守护大名"。但是守护大名并没有将地方作为独
立国家一样统治的权力。这个时代的守护任免权在将军手里，

守护大名常常根据将军的意向而更迭。守护能够动员国人是因为他被任命为守护职，除了部分被官外，国人并不是守护家的家臣。守护换作他人，大半国人都会服从新任守护。

有势力的守护大名兼任数国的守护职，兼任的这些国在地理上多相隔甚远。斯波氏曾担任东海地区的尾张、远江，北陆地区的越前、加贺的守护。细川氏担任中国地区的备中、丹波，畿内的摄津，四国的阿波、赞岐、土佐等的守护。畠山氏担任北陆的越中、能登，畿内的河内、纪伊的守护。一色氏曾担任日本海一侧的丹后、若狭，东海道的三河、伊势的守护。

另外，守护大名的辖区内也有他们管不到的势力。首先是被称为"奉公众"的将军直属武士。奉公众被编为五组，在地方拥有领地，并轮番进京侍奉将军近前。奉公众的领地不得课征守护役，幕府所课的役也不经守护而直接缴纳。在战国时代成为毛利氏重臣的小早川氏，就是此类奉公众的一员。另外，守护管国之内也有幕府的直辖地"御料所"，以及幕府奉行人的所领、其他守护大名领有的庄乡。守护对这些领地遑论干涉，连课役都很困难。幕府有意安排这些牵制守护的势力，抑制其权力扩大。

2 室町幕府与庄园制

内乱平息与守护在京制

贞治二年（1363），南朝方的实力武将山名时氏、大内弘世归顺，室町幕府在因观应扰乱（1350—1352）而难以收拾的南北朝内乱中确立了优势。1367年，从父亲足利义诠那里继承第三代将军之位的足利义满，逐一讨伐强大的守护大名土岐康行、山名氏清、大内义弘，转而抑制强大化的守护权力。

义满在此采取的政策，是命守护大名日常驻京居于将军身边的守护在京制。北朝、南朝势力势均力敌时，很多守护驻守战争前线，但到了足利义诠政权末期，诸国守护受将军命令上京，在京都建造馆邸常住下来。

归顺幕府的山名时氏在贞治三年（1364）八月进京，于三条油小路构筑府邸。播磨国守护赤松则祐在第二年五月率大批家臣进京，并向矢野庄课征至京都干活的京上夫。失势蛰居在越前国的斯波义将也在1367年蒙赦进京，同一时期细川赖之也从四国进京，就任辅佐幼年将军义满的管领一职。不过镰仓府管辖下的关东地区守护，以及九州地区的守护不属于在京奉公的对象。

居于京都的守护在管国内置守护代，作为自己的代理人，以守护家的实力被官为人选。例如斯波氏将越前国的被官织田氏任命为尾张国守护代，细川氏把赞岐国出身的被官安富氏任命为备中国守护代。

守护大名兼任辅佐将军的管领、负责京都市政及治安的侍所等幕府要职。京都居住着贵族、僧侣、神官，守护大名及属下也和他们结交。将军家、守护家为避免家业之争，把很多子弟送进寺院，后来还俗继承家业者也不少。足利义教35岁就任将军之前就是比叡山延历寺的僧侣，今川义元的前半生也是在京都的建仁寺、妙心寺修学的禅僧。

守护在京制度，开辟了公家、寺社就地方所领问题与守护权力直接交涉的通道。平日交往的公家、寺社有事相求，守护也无法置之不理。前述东寺所有的最胜光院领中，备中国新见庄、周防国美和庄、远江国村栉庄、远江国原田庄细谷乡就得以恢复支配。

守护在京制使得治理地方的守护权力之主居于京都，形成了集居于京都的领主世界。部分家臣也在京居住，在京活动所需的米钱由管国运到京都。京都人口增加，诸国的物资、钱粮聚集而来，作为室町幕府首都的京都呈现出空前的繁荣。

《应安半济令》

南北朝内乱的激化导致强占庄园之事盛行，特别是强占寺社本所领的行为频繁发生。贞治二年（1363）山名氏、大内氏归顺使战乱走向平息，二代将军足利义诠尝试恢复寺社本所领，再兴贵族及寺社担负的仪式、学问、修法等功能。义诠在 1367 年末年仅 38 岁而去世，遗志由义满继承。

第二年的应安元年（1368）六月，将军足利义满颁布了《应安半济令》。这一法令规定对寺社领、禁里御领（天皇家领）、殿下渡领（摄关家家长领）予以特别保护，禁止对这些所领实施半济且须全部返还；除此之外的本所领地则返还一半，今后不得执行新的半济等。将军也担心仅颁布命令当地不予执行，将各国的守护代召至京都，令其彻底遵行。此法令虽然有追认内乱中实施的半济并使之恒久化的一面，但着眼之处仍是要取消对寺社领、天皇家领、殿下渡领的强占与半济。

虽然该法未原封不动地执行，但东寺领的丹波国大山庄、若狭国太良庄等庄园的半济被停止。强占仙洞御领（上皇领）出云国横田庄的山名满幸，受到罢免四国守护职及逐出京都的处罚。回到本国的山名满幸前往山名氏总领[1]山名氏清处，称义满要消灭山名一族，游说其举兵，于是明德二年（1391）的明德之乱爆发。山名氏战败，一族所有的十一国守护职被削至三国。

庄园制灭亡了吗？

南北朝内乱之下，寺社本所领遭强占及实施半济，有人认为庄园制因南北朝内乱而灭亡了。战后的日本中世史学设想，

---

1 中世武士家族中，统率全族的宗家家长。——译注

王朝贵族、宗教势力支配地方的庄园制被统率在地领主层的封建领主制克服。当时认为南北朝时代，强占庄园的国人与守护结成主从关系，守护确立了对一国进行排他性支配的地域性封建制，而室町幕府就是这种守护大名的联合政权。

但是，这种理解有许多不合实际的地方。前文已看到，守护大名并非排他性统治一国的权力。另外，守护在京制度使得守护大名被纳入京都的领主社会，虽然这与"职的体制"形式不同，但仍是集于京都的领主阶层支配地方所领的体制。

这个时代武家皈依的禅寺、八幡宫领有的庄园也增多了。足利尊氏为后醍醐天皇冥福而建立的天龙寺，在永德二年（1382）收到丹波国六人部庄（京都府福知山市）、加贺国横江庄（石川县白山市）等横跨18国的31处庄园献纳的米2402石、钱5721贯500文。如果米1石等于钱1贯，1文钱相当于100日元，则其年收入达8亿多日元。成为足利将军家历代墓地的等持院、由足利义满建造了超100米的七重大塔的相国寺，都成为拥有莫大所领的庄园领主。以庭院知名的龙安寺也是细川氏建造的寺院。

五山派禅寺的人事权由将军掌控，因此也有人将此领地算入武家领之中，但它们也是寺领。武家崇敬的石清水八幡宫、镰仓的鹤冈八幡宫也获捐很多庄园。

与镰仓时代一样，地方社会仍分作庄园及公领下的郡、乡、保作为统治单位，守护役也以它们为单位来征收。收取年贡、公事的权力依然源于领家职、地头职、郡乡司职等所职。拥有所职的领主多居于京都，地方上缴年贡、公事也和前代相同。南北朝、室町时代的庄园虽然有很多地方与镰仓时代的不同，但庄园制并不曾在南北朝时代消亡。

分散的武家领

室町幕府在各地拥有作为直辖领的御料所，侍奉幕府的官僚奉行人也是一样。守护家不仅在其任国，在其他各地也拥有所领。比如丹后国有 4340 多町田地，守护由一色氏担任，但将宽正元年（1460）前后账簿所记庄乡领主按性质分类后可得图 13。京都的贵族、寺社领地占了 25%，丹后国内的寺社领占 9%，寺社本所领合占 34%。

武家领中幕府御料所和幕府奉公众、奉行人的所领占 21%，细川成之领有的丹后国规模最大的所领加佐郡田边乡（田地 200 町）等一色氏以外的守护家所领占 7%。另一方面，一色氏的守护领与守护家臣的所领占 16%，丹后国的国人所领占 15%，则守护一色氏能够直接指挥的武家所领只有 30%。

畠山氏担任守护的越中国，有斯波氏的领地 41 处，集中在开垦有成效的射水川流域。这被认为是应安元年（1368）斯波氏担任越中守护时，讨伐南朝方武将桃井直常获得的所领，守护更迭之后斯波氏仍继续知行（领有且实控）。在守护由松田氏更迭为赤松氏的备前国，也有小豆岛、儿岛等 12 处

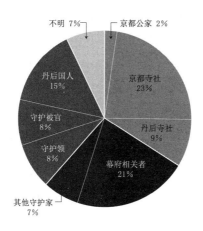

不明 7%　　京都公家 2%

丹后国人
15%

京都寺社
23%

守护被官
8%

丹后寺社
9%

守护领
8%

其他守护家
7%

幕府相关者
21%

图 13　丹后国庄乡的领主构成比例

细川氏所领，15 处足利义满侧室西御所高桥殿的所领，以及前守护松田氏的所领。

国人领主的形成

在镰仓时代担任地头的地方武士领主，在南北朝、室町时代最终转变为国人领主。所谓国人，是在御家人制被废除的建武政权以后，继续拥有地头职等所职，响应守护的军事动员，并在守护指挥下从事治安维持、使节遵行等任务的武士。

与镰仓时代不同的地方是，他们的所职集中化了。镰仓时代的东国武士甚至在西国也拥有地头职，持有的所职分散于诸国，但南北朝内乱导致武士难以支配远隔领地后，国人就从分散各处的所领中择一处为根据地，放弃远隔领地。

出身相模国早河庄（神奈川县小田原市）的山内首藤氏，在元久元年（1204）前后被镰仓幕府任命为莲华王院领备后国地毗庄本乡（广岛县庄原市）的地头。到了室町幕府之后，此族也从足利尊氏、足利直义那里获得了本领地毗庄本乡地头职等的权力认可，但在南北朝内乱中失去了东国的地头职。

与之相对，山内首藤氏除地毗庄本乡地头职之外，还承包了同庄七乡的领家职代官，支配权覆盖了整个地毗庄。另外，山内首藤氏从守护今川氏那里获托了地毗庄邻近的三上郡高乡（广岛县庄原市高町）地头职，及长江庄的一半作为兵粮料所。守护变为山名氏后，他又获得了备后国信敷庄东方（庄原市）、地毗庄内福田十名以及地毗庄内残田等。

这样，山内首藤氏就拥有了三种类型的所职：一、将军认可的本领备后国地毗庄本乡地头职；二、与领家签有契约的地毗庄领家职的代官；三、守护托管的高乡地头职等给地。通过聚集这些所职，山内首藤氏将分作许多所职的地毗庄周围地区统一管理，成长为支配超越单个庄园所职之领域的领主。这就是国人领主。不过这些支配权归根结底也是由庄园所职构成，可能会被领家解除代官职，也可能被守护收回给地。山内首藤氏的领域支配尚处于流动状态。

东国与西国

作为镰仓幕府的根据地，在镰仓时代呈现半独立国状态的东国又怎么样了呢？镰仓幕府灭亡，执权北条氏在东国所有的莫大领地被建武政权没收，大多被赏给倒幕有功的武士。当然，这里面也包括过去北条氏从他们手中夺取的领地。

建武政权设镰仓将军府，欲奉成良亲王统治东国，但因北条高时的遗子北条时行起兵而崩溃。平定叛乱的足利尊氏将关东交给嫡子义诠，但在观应扰乱之际再次前往镰仓镇压东国，回京之际将东国统治交给义诠的弟弟足利基氏。镰仓公方由此肇始。就像室町幕府的将军有辅佐自己的管领一样，镰仓公方也有称作"关东管领"的辅弼，由尊氏的母族上杉氏世袭。以镰仓公方为首长的镰仓府管辖东国十国（相模、武藏、安房、上总、下总、常陆、上野、下野、伊豆、甲斐），明德三年（1392）后新增了陆奥、出羽两国。

镰仓府起初是军事组织，不带行政机构，但应东国领主的需求而设置了"引付"等裁判机构，完善了作为官僚的奉行人、作为直辖军的奉公众等体制建设。南北朝内乱平息后，镰仓府与京都幕府一样推行了管国守护居住镰仓的"在仓制"。另外，镰仓有武家崇敬的建长寺、圆觉寺等禅寺及鹤冈八幡宫，镰仓公方向这些寺社捐赠所领。于是，小型版京都幕府也在镰仓成立。

随着镰仓府体制的完备，西国领主对东国所领的支配变得困难，东国领主对西国领地的掌管也不容易。为此东西领主进行交换所领的"相博"。比如贞治五年（1366），京都天龙寺领的武藏国津田乡，就与镰仓建长寺领的但马国镰田庄交换；14 世纪 90 年代中期，镰仓圆觉寺领的尾张国富田庄，与伊势道贞的领地上总国堀代、上乡、大崎乡做了交换；应永十三年（1406）关东管领上杉宪定所领的三河国吉良庄家武名，与幕府政所执事（幕府的财政长官）伊势贞行所领的相模国野比村交换。这样，东西的远隔领地得以整理，东国、西国更加集团化了。

3 南北朝、室町时代的庄园经营

村落的发展

在南北朝、室町时代，庄及郡、乡、保这些所领单位得以维持，其内部分为名并由名主承包耕作、缴税的结构也未改变。这也是这个时代庄园制依旧延续的明证。但是，其内部逐渐变化。那就是由百姓结成的村落的成长。

在 13 至 14 世纪的农村社会，集村化发展。农房从四散的状态转为在村中确定某处区域后集中建造。原因是农地扩张已经达到极限，因此要更高效地利用村落内的土地。也就是说，能够作为水田的地方尽可能作为水田，能够作为旱地的地方尽可能作为旱地，然后在剩下区域中选择适合居住的地方集中建房。这种区域今天也多建有住宅，极少进行发掘调查，因此西日本几乎没有发现14世纪以后的村落遗址，但在关东，似乎有很多14世纪繁荣的村落废绝后又在其他地方建立村落的例子。此外，因为地形条件限制，有些地方的村落难以集中化，或者集中的好处不大，集村化并非在所有地方上演。

集村化对农作方式也产生了影响。过去多是一处名田拥有一处宅地，其周边附属该名的水旱田地，但集村化之后，各名田的水旱田地犬牙交错地分布在一起。结果，农耕作业不再以名为单位，而是以村落来进行，农民之间的联系应该由此增强了。名的制度依旧延续，但已经脱离了经营的实态，仅发挥作为土地所有、征税之单位的功能。

村落的发展也稳定了百姓的农业经营。本来庄乡领主有劝农这一工作，春天分配给百姓耕作的田地，向其出借种子、农资、农具、牛马以支援耕作。不过耕地安定、名主职世代传承后，百姓自己也有了牛马、铁制农具，村落内的互助也发挥作用，于是百姓的农业经营就从领主手中独立出来。这样一来，领主、庄官的作用就限于处理超出村落领域内的问题、防卫外部入侵、与课役的守护权力交涉以及征税了。

因横向联合而力量增强的百姓，面对名主职所有权遭到侵害、水旱灾害导致的年贡减免、代官非法行为、新增赋税等问题，会集体与领主交涉。在若狭国太良庄，百姓保护传续

70 余年的名田遭到没收的名主同僚，声称"今日虽是他人之事，明日或祸延己身"，集体向领主上诉。在播磨国矢野庄例名领家方的总镇守神社大避宫，名主每月召开名为"十三日讲"的集会，被庄园领主当作一揆[1]肇事之基而被叫停。

在南北朝、室町时代，庄园领主、庄官不指示或者帮助耕作，百姓靠自己的力量也能将农业生产安定维持下去。结果就是百姓对领主的政治地位也增强了。

通过割符进行汇款

在南北朝时代，年贡货币化普及，京都所需的大量物资由地方输送上京。利用这一结构，不运送钱币也能汇款的系统就是"割符"。年贡、公事货币化比运输实物好，但比如东寺领播磨国矢野庄的年贡约 250 贯（约合 2500 万日元）是 25 万枚铜钱，重量将近一吨，运输这些钱也需 10 匹马（实际上得分运多次）。这就好比用 100 日元的硬币支付 2500 万日元款项一样。割符由京都、堺、兵库、坂本等湾市商人发行，似分作几类，其中之一的结构如下（图 14）：

京都的商人以一枚代表 10 贯（约 100 万日元）的比率开出割符，交给往返京都与地方之间的商人。割符分作两半，

1　本义为"团结"，指为某一目的而在神明面前立誓结成的组织，或结成此组织的行为，也指代结成此组织后的起义、抗议行动。——编注

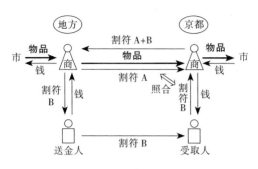

图 14　割符示意图

前往地方的商人以手中所持一半的割符 B 券交给汇款人，换取 10 贯现钱，并用这笔钱购买当地的米麦、特产等，在货物上附上另一半割符 A 券运至京都。另一方面，收款方拿着汇款人寄来的 B 券前往京都商人之处，获得背面写上支付日期的里书。货物在支付日前送到，则京都商人勘合 AB 两券，将钱付给收款方；若运输延误，则另外指定支付日；如果货物一直没送到，这张割符就变成无法兑现的误割符。

依靠这种割符，商人不带现钱也能从地方进货，地方不送现钱也能交纳年贡。由于收购的货物在京都销售可获得利益，商人也就不需要收汇款手续费。室町时代，京都和地方的物价差距甚大，永享七年（1435）用东寺使用的下行升计量的一石米，在播磨国矢野庄当地价格为 549 文，但京都的价格则是接近两倍的 1020 文。

因为托付的是一枚价值 100 万日元的金钱，能够处理割符业务的商人只限有信用的商人，人们应该也知道哪些商人有信用、实际业绩。割符以频繁往返京都与地方之间的商人存在为前提，也是基于商人信用的体系。

何谓代官请负

南北朝、室町时代的庄园支配常常采用代官请负的模式。代官为领主代行所职权限，承包经营庄乡并缴纳合同约定额度的年贡钱（没有世袭权，所以不是"职"）。代官契约有定期与不定期两种，但如果拖欠年贡，即便在契约期内也会被解职。

被任命为庄园代官的人大抵分作三种：（1）领主组织内部的人员——寺社本所领的情况下是寺院的下级僧侣、贵族的家司等，武家领则是总领的庶子、被官等。这被称为"直务代官"。（2）僧侣与商人——山僧、禅僧、山伏、酒屋土仓主等人。（3）武家代官——庄园近邻的国人、守护或守护代、幕府奉行人等。代官把职务再转手委托给下一层代官（又代官）的例子也不罕见。

选择第一种，从领主组织内部选派代官的好处是，代官背叛领主而拖欠年贡、强占土地的危险性小，选派之人也可获得代官这一职务的收入。但坏处是兼任代官的人会疏忽本业，因其不是庄园经营的行家，也常会缺乏业务上必要的财力、人脉。选择第二种，则山僧、禅僧、商人具备财力，庄园领主可以收到大额获任礼金，也可能获得预缴年贡。面对他人强占或百姓一揆，这些人也有人脉联系幕府、守护以应对。但他们对雇主的忠诚心淡薄，即便在契约第一年如约交清年贡，也可能第二年开始就拖欠年贡以保自身利益，即便遭到解雇也可能利用人脉关系而赖着不走。为了避免这种危险，双方订立契约时会约定拖欠时的代纳担保人。采取第三种，任命武家为代官则可以依靠其武力与人脉，但即便对方长期拖欠年贡也很难将其解职，更有庄园被直接强占不还的危险。

代官的权限也有两种。一种是领主不放手庄务权，代官要编报称作"散（算）用状"的详细账簿接受领主监管；另一种是代官承担缴纳定额年贡的义务，由此获得庄务全权，无须提交账目。对于远隔领地，或者领主没有能力承担庄务时，庄园领主会选择后一种类型。

直务代官祐尊

下文介绍东寺领播磨国矢野庄领家方的代官祐尊法眼，作为活跃于南北朝时代的直务代官的实例。祐尊是侍奉仁和寺学僧的下级僧侣，父亲也是负责庄园诉讼、年贡征收的杂掌。他被认为出生于远江国原田庄（静冈县挂川市），即其父亲负责的庄园之一。此庄领主弘雅法印加入了东寺的学众（举行法会的组织），因此祐尊在文和元年（1352）24岁时被派遣到矢野庄就任领家方代官。

当时观应扰乱刚刚终结，矢野庄面临存亡危机。寺田恶党侵入的危机因公文藤原清胤、有力名主实圆的积极行动而消散，但因藤原清胤属于足利直义一方，其公文职和重藤名被作为谋反者领地而没收。结托寺田氏的近邻国人饱间氏也开始侵入，但祐尊暂时任命另外的国人为代官，避开了危机。之后他讨好守护赤松则祐的侧室七七局及守护奉行人，延文四年（1359）收回了重藤名，应安七年（1374）恢复了公文职。

祐尊积极响应守护赤松氏课征的守护役，对于心怀不满的百姓，则从年贡中扣除守护役的一半加以怀柔。逢年过节给守护奉行人送礼、接待七七局等花费的大笔支出也由年贡负担。祐尊做这些事并不知会庄园领主东寺，但东寺只能追认。祐尊也积极确保自家权益，利用代官地位扩张自己所持的名田，且这些名田不负担守护役。

即便如此，在南北朝内乱最为激烈的时期，矢野庄能够作为东寺领维持下来，很大程度上就靠祐尊八面玲珑的活动。他适应了守护权力扩张、村落凝聚力增强的当地局势，完成了代官的工作。不过祐尊最终被下一章要谈到的庄家一揆赶出了矢野庄。

禅僧代官

此时代数量增多的是禅僧代官。室町幕府新建了天龙寺、相国寺等禅宗寺院，并将镰仓时代建立的南禅寺、东福寺等置于统制之下，通过五山十刹制度掌握了禅僧的人事权。这些禅寺接受将军、守护大名等的捐赠，拥有数量庞大的庄园。

成为巨大庄园领主的五山派禅寺，也在寺内培养负责经营的人员。禅寺仿效宋朝的官寺制度，分作从事佛理教学的西班众，负责寺院经营、财务的东班众。东班众以都闻、都官为长官，其下有都寺、负责监查的监寺（监司）、出纳钱粮的副寺（副司）、负责收年贡的纳所、负责杂务的维那、管理经藏的藏主、管理伙食的典座等职位。这些僧侣中有人会就任庄园代官，称作"庄主"。

与其他禅僧一样，五山领庄园的庄主的人事权也由室町幕府的将军掌握。例如正长元年（1428）选择相国寺林光院领尾张国犬山庄（爱知县犬山市）的庄主时，将军的侧近僧人荫凉轩主向将军寻求意见，将军下令选有能之人，定下了都寺乾嘉。乾嘉谒见将军，献上 30 贯钱（约合 300 万日元）。

将军足利义持在应永二十六年（1419）定下相国寺的规章，其中规定都闻不得管领庄园、庄主以五年为限不可连任。由此可知，本应专心管理寺务的都闻从事庄园经营、长期担任庄主成为问题。但是永享九年（1437）相国寺的都闻祝公获任林光院领美浓国鹈饲庄（在今岐阜市北）的庄主，等持院的都官等寿获任加贺国万寿寺领四处庄园的庄主，这些事实证明这一规矩似乎并未被遵守。

五山派禅寺的东班众也多与寺外的庄园领主立约，担任其所领庄园的代官。例如东寺在应永十三年（1406）任命正脉院的藏主永哲为远江国原田庄细谷乡的代官，在应永二十年（1413）任命相国寺的副寺乾嘉为若狭国太良庄的代官，而乾嘉一直干到1428年。这人大概就是前面提到的都寺乾嘉。

公家领也是一样，万里小路家家领尾张国六师庄（爱知县北名古屋市）在永享十一年（1439）由相国寺春熙轩的都闻景勋担任代官，景勋又派监寺承宽作为又代官到当地。承宽被百姓排斥，万里小路家解除了景勋的代官职，同时向土仓借了50贯钱交给景勋。这是因为万里小路家接受了景勋的预缴年贡，解除其代官职就必须还钱给他。山科家领备中国水田乡也由相国寺的都闻昌盛担任代官，由副寺承祁担任又代官。收到作为部分年贡的30贯钱时，山科家将其中13贯还给相国寺以偿还借款。室町时代的公家领，以年贡偿还借款是司空见惯之事。

这个时代禅僧代官之所以活跃，是因为五山派禅寺受到将军及守护大名的崇敬，守护家的子弟也出家于此，因此他们获得人脉，可获庇护；禅僧代官不像武家代官那样即便被罢职也靠武力赖着不走；禅寺也运营祠堂钱，即以寺院积蓄的钱财放低息贷款，因此禅僧代官可以低息筹集到大额金钱。

另外，五山派禅寺还派遣留学僧侣与东亚大陆密切交流，禅僧不仅修习佛教知识，还学习朱子学等学问，兼备高度的知识教养与实务能力。应永三十一年（1424）醍醐寺建造灌顶院之际，因寺内无人可负责而请相国寺协助，便任命相国寺都闻梵荣为营建总奉行，监寺、副寺任小奉行。东班众也承担今天所谓建筑设计顾问的工作。

土仓、酒屋代官

土仓主、酒屋主也承包庄园代官。土仓收取顾客的典当物而借出金钱，酒屋也兼营同样的金融业。室町幕府自明德四年（1393）开始对京都及周边的土仓、酒屋课税，以一年6000贯（约6亿日元）钱为条件免除店主负担的诸役（朝廷造酒司的课役除外）。对于在南北朝内乱中必须封赏许多领地给己方将领、直辖领地并不充裕的室町幕府来说，土仓、酒屋役是重要的财路。幕府集中强大的土仓主作为"纳钱方"，由这个组织负责征收土仓、酒屋役。规模大的土仓多由比叡山延历寺的山僧经营。

对于庄园领主来说，让土仓主承包代官有其好处：他们会奉送大额获任礼金，且可以预缴年贡；土仓主也会借钱给庄园领主，以年贡抵消并获取利益。比如东寺领丹波国大山庄，在应永十五年（1408）任命了丹波守护代的被官稻毛公辰为代官，但百姓逃散，应永三十三年（1426）改任酒屋主中西明重为代官。两年后中西被解职，由土仓主土屋宗玄担任代官。宗玄与东寺定下10年合同，约定年贡40贯，并给予东寺任职礼金4贯200文、预缴年贡20贯，以菱荷庄祥云庵的住持做保人，答应若有拖欠则以祥云庵的土地抵扣。此外，双方订立特别条款，规定东寺对大山庄方的领有如有问题，需返还已交钱款及利息。

但是前任代官中西明重不接受解职一事而不走，宗玄就想出一招，任命稻毛公辰为又代官驱逐明重。这惹得当地百姓不满，宗玄也在一年后被解职，中西明重复职。由此可窥见酒屋主、土仓主、武家、禅僧均参与其中的代官请负制度的实貌。

土仓主、酒屋主也经常先借钱给庄园领主，再从其所领收取年贡，收回本利。中西明重于永享四年（1432）从山城国小泉御厨的领主任清法印那里购买了13年的年贡征收权，还以借款抵押占据了梶井门迹领近江国甘吕、八坂两地（《御前落居记录》）。山僧安养春澄也借钱给丹后守护一色义直，就任丹后国久美庄的代官，为收回在应仁之乱中无法回收的年贡，于文明十二年（1480）诉至幕府（《政所赋铭引付》）。室町时代土仓主、酒屋主积蓄的巨额财富，很大一部分是以庄园所职为抵押物而担任代官得来的。

守护请

守护请，就是任命在地方有很大权力的守护担任庄园代官。在避免被其他武士侵入这一点上，这是最保险的选择，但守护就算拖欠年贡也难以被解职，属于很难处理的代官。守护请在实际层面，由守护或守护代派遣被官至庄园赴任，但问题是这些人经常与当地百姓对立而引发一揆。

东寺领中的周防国美和庄（山口县光市）实行了守护请，美和庄在南北朝内乱中，因周防国守护大内弘世投靠南朝而音信不通，弘世之子大内义弘归顺幕府后，在永德三年（1383）决定返还寺社领，东寺派遣直务代官到当地但无法顺利收纳年贡。于是东寺与大内义弘推荐的大内氏家臣沓屋带刀成重签下 10 年的承包契约，规定年贡 40 贯、担保人是大内氏重臣杉丰后守重运和居住在京都的僧人祐禅，又代官由成重的弟弟祐圆入道担任。

万里小路家领的美作国国衙领（冈山县）也成为美作守护赤松氏的请所，本来 200 贯的年贡在正长元年（1428）减少到 150 贯。嘉吉元年（1441）嘉吉之乱爆发，赤松氏一时没落，这个承包契约也被解除，万里小路家任命相国寺的都寺乾正为代官，但新任守护山名氏希望继续实行守护请，不接受禅僧代官。同家领尾张国六师庄是尾张国守护代织田氏的请所，由其被官御厨野氏担任又代官，但御厨野氏与百姓对立，因此永享三年（1431）万里小路家任命相国寺的副寺正融为代官。织田氏坚决不同意罢免御厨野氏，万里小路家的使节也遭到御厨野氏的妨碍并被扣押起来。

代官请负与庄园制

在室町时代的庄园，守护、国人尝试在当地扩大支配领域，禅僧和土仓、酒屋等的代官请负也被广泛推行，以复杂的连锁代官契约统治庄园。对于庄园领主来说，起用组织外的人员为代官就是庄园经营的"外包"。外包化也是承包者的集约，像五山派禅寺东班众那样的庄园经营专业顾问集团诞生，而土仓、酒屋也通过金融业和庄园经营的相互促进获取巨额利益。

但是禅僧和土仓主、酒屋主能够作为代官而积极活动，依赖室町幕府维持交易秩序、守护权力维持地方治安。另外，这也源于百姓无须代官、庄官逐一指示或援助也能在村内互助之下生产农作物。在这样的社会基础之上，获得年贡征收权的所职如同产生利益的股票那样被交易，而这就是室町时代的庄园制。

代官请负制是中世庄园制最终阶段出现的支配形态，本身具有合理的一面，室町时代的经济也取得繁荣。但是庄园经营的外包化招来了领主权力的空洞化、虚弱化，给社会带来了不安定。

第九章

庄园制的动摇与解体

1　蜂起的百姓

庄家一揆

由于农业经营的安定、村落的发展，百姓的实力增强。另一方面，守护权力的扩大使其向百姓课征守护役，贪得无厌的代官也强征年贡、公事物。面对这种课税的强化，百姓状告代官、庄官并集体逃散，迫使庄园领主罢免他们，并阻止不满意的庄官前来赴任。其手段是百姓集体商定后从庄园逃出，藏身山野、近邻，拒绝耕作田地，相当于现代的罢工。没有耕作之人，庄园就颗粒无收，因此这对领主构成很大打击。这就称作"庄家一揆"。

播磨国矢野庄在永和三年（1377）正月出现了集体逃散。如前章所述，东寺派遣直务代官祐尊到矢野庄，但百姓不满他靠拢守护权力而导致百姓背负守护课役，在庄内攫取利益，镇压作为百姓领袖的实圆、实长父子等行为，要求罢免祐尊的代官职，并在举行"一味神水"仪式后逃散。一味神水是当时人们团结一致之时，聚集到寺社境内等地，烧掉写有宣誓内容及见证宣誓的神佛名称的文书，将之献给神佛，并喝下混有纸灰之水的仪式。人们认为违约之际会蒙受神罚。逃散若出现动摇者，示威效果就会削弱，因此百姓发誓一致团结。

对于这次集体逃散，代官祐尊有效利用此前培养的与守护权力之间的人脉关系，一面请近邻的国人威吓百姓、逮捕首谋，一面率领数十名恶党闯入百姓集会之地。他还把百姓拉到河滩上威胁，将仍要抵抗的百姓关进牢房。以百姓返回及开始耕作为首要事项的东寺听闻消息后大惊，罢免了祐尊的代官一职并将其召回京都。

祐尊被解职后不久，东寺在康历二年（1380）任命明济法眼为代官。相比于擅长巴结权力的祐尊，明济财力超群，成为东寺附近某家土仓的合伙经营者。矢野庄百姓也向东寺提出上诉要求罢免这位明济，并在明德四年（1393）末断然集体逃散。百姓上诉的内容是明济拥有庄内 11 处名田但不承担守护役，以及不接受以钱币缴纳年贡等。明济拥有这么多名田，是因为他向百姓放高利贷并要求其以名主职为担保。不接受以钱缴纳年贡，是为了收取稻米以获得兑换利益。

面对这次集体逃散，东寺的应对迅速。它取得了守护赤松氏发给此庄近邻的国人的命令文书，并将其送到明济手里，做好了动用强硬手段的准备。另一方面，百姓也向守护方透露明济很富裕，唆使守护向其课征"有德钱"这种富人税。大概这一招取得了效果，明济没有知会东寺就与百姓和解。但这次和解也被打破，应永三年（1396）矢野庄政所遭人纵火，随后演变成守护使臣闯入庄内抓捕首谋者的事态。3名百姓以及田所家久、原源左卫门等人的土地被没收，重创了东寺对矢野庄的支配权。对此担责的明济将弟子作为代官留在庄内，自己归任京都。

在高野山领纪伊国鞆渊庄，应永二十五年（1418）百姓集体逃散，抗诉下司征发夫役。双方之后暂时和解，但5年后矛盾重燃，百姓此次控诉下司、公文而集体逃散。百姓所诉内容繁多，包括不当课役、不问案情而处罚、征调耕牛、让百姓背负杀牛罪名、为蓄财而强迫百姓加入标会、强夺百姓土地、不交货款等。领主高野山禁止公文的非法举动，也取缔除派遣京上夫以外的下司非法行为。鞆渊庄的下司执着于征调京上夫，是因为他身为下司必须服从守护命令而驻京奉公。

在南北朝内乱中役使民众搬运兵粮、建造山城等的守护役，在和平时代转为服务守护在京生活的京上夫等夫役。百姓的负担不仅没有改变，考虑到路途费用，这一负担反而更重了。

庄园

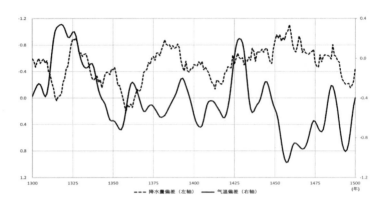

图 15　14—15 世纪的气候

气候的激烈变化

　　南北朝、室町时代的气候特征是气温、降水量的升降幅度
均很剧烈（图 15）。查看镰仓时代后期以来的气候，可见 13
世纪末低温多雨，但进入 14 世纪后气温持续上升，14 世纪 10
年代则高温少雨。然而从元德二年（1330）左右又开始低温化，
14 世纪 40 年代中叶开始再次多雨。播磨国矢野庄在 1349 年、
1350 年、1353 年遭遇大洪水，山城国上野庄也在 1350 年、
1354 年、1356 年受洪水侵袭，桂川河道时隔一百四十年再次
改道。木曾川河岸的尾张国大成庄（爱知县爱西市）在延文二
年（1357）前后多次遭遇洪水，堤防溃决。这些气候激变的时
期与南北朝内乱最激烈的时期重合，颇可玩味。

　　进入室町时代的 15 世纪以后，气候一转而变得少雨，各地出现旱情。矢野庄在 1408 年、1415 年以及 1418—1420 这三年遭受严重干旱。在大山庄，因 1407 年旱灾而歉收的西田井村的年贡，由一印谷村的百姓承担，而后者逃散。备中国新见庄在 1418 年遭遇严重旱灾，第二年百姓也出现逃散。

坐落在桂川右岸的山城国上久世、下久世庄（京都市南区）从应永二十四年（1417）开始缺水，次年出现此庄在水渠中构筑的堰坝被下游庄园掘崩以抢夺灌溉用水的事件。这是因为下游庄园也苦于缺水。庄民在 1418 年自东寺处获得重修水渠的费用"井料"九石五斗而修补，第二年仍因歉收获免年贡三十石。

应永饥馑

持续干旱的结果是应永二十七年（1420）至第二年的应永饥馑。此年春夏异常少雨，公历 4 月只下了五天雨，5 月只下了三天，但平均应该是十天。6 月虽然有十天降雨，但 7 月只下了七天、8 月下了四天。朝廷反复奉币祈雨（向京都及京郊神社献上祈雨供奉），相国寺等寺院也进行了祈雨祈祷但不见效果。七月，朝廷以天下饥馑为由停办祇园会。

各处庄园都争夺灌溉水源。在伏见宫家领的山城国伏见庄（京都市伏见区），领主伏见宫贞成拜托关白九条满教，约定从九条家领的东九条庄分一些水。但伏见庄民前往当地时，深草乡（京都市伏见区）的乡民披盔戴甲驻守在分水之地，将他们赶走了。这是因为深草乡也请求东九条庄分水给他们。在上久世、下久世庄，三月末庄民集体向东寺请愿，获赐 15 石 5 斗的井料用于修缮水渠，但依然收获稀少，之后被减免 18 石年贡。

或许连日的祈雨效果过头了吧，公历 9 月上旬开始气候急转，淫雨成灾，且台风袭来。这一年的水稻收成已无希望，连年风雨不调又导致积蓄甚少，过完年，严重饥馑袭来。

这个时代，财富、物资都汇聚于京都，知道这一点的人们挨饿后就逃往京都。京都街巷满是乞食的饥民，饿殍不可计数。室町幕府命令诸大名煮饭赈灾，但很多极度饥饿状态的人因为狼吞虎咽而死。由于卫生状态恶化，公历 3 月疾病开始流行。瘟疫不分贵贱地取人性命，内大臣大炊御门宗氏、权大纳言中山满亲等贵族也因病而死。

1430 年前后的异常气象

大概是持续干旱的反弹，应永二十三年（1423）后气候转为多雨，各地洪水频发。1427 年，由于干旱，朝廷在公历 5 月末、6 月初进行祈雨，但 6 月中旬开始持续的大雨，导致上久世、下久世庄东西两条水渠被泥石流冲成了河滩。第二年三月末，庄民集体前往东寺请愿，称此次水灾是 50 年、100 年都不遇的大水灾，从而获得了 40 石年贡的减免。次年三月东寺给予修补水渠的井料 12 石，再次年给予 14 石。但是永享元年（1429）公历 9 月末，桂川再发洪水，山城国上野庄整个庄被毁，化为积满泥沙的一片河滩。1430 年，公历 9 月末的大洪水也使桂川决堤，河水淹没了上久世庄的东半部，带来前所未闻的灾害，使此庄减免年贡 78 石。

到了永享五年（1433），转而出现严重的干旱。播磨国矢野庄的年贡减免率达到最大的三分之二。在纪伊国，围绕从纪之川取水的宫井渠、六个井发生了激烈的用水纠纷，严重到要守护畠山氏调解。

这一时期的气候变化异常。气温从应永三十年（1423）开始急剧上升，1427 年是近百年间最高温。而且通常气温上升后降水量就会减少，但这个时候的降水量也增加，永享元年（1429）达到 40 年间的最高水平。日本列岛的气候中，高温巅峰与降水巅峰重合的现象非常少见。高温多雨的气候容易引起长期暴雨，暴雨引发的洪水一下冲来大量泥沙，毁坏农地及灌溉水渠。1432 年后，气温、降水量开始下降，但 1433 年又是 70 年间最少雨的年份，出现了大旱灾。

从物价也可以看出这一时期农业生产遇到的异常情况（图16）。播磨国矢野庄的年贡米市场价"和市"，在应永饥馑发生的 1420 年是每石 1250 文，1424 年跌到 650 文，1427 年因饥馑而上涨到 1300 文，1433 年（永享五年）涨到 1350 文，达到有记录的 115 年间最高值。麦价也一样上涨，1427 年达到 60 年间最高的一石 600 文，1429 年、1430 年为 800 文，

庄园

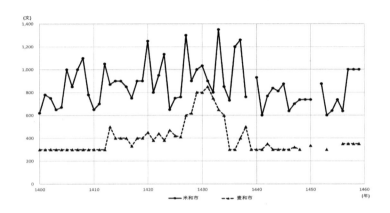

图 16   15 世纪播磨国矢野庄的米、麦和市

1431 年涨至最高的 850 文。大豆也在 1430 年达到 80 年间最高的一石 800 文高价。

这一时期水旱灾害扩大，也可能是室町时代建筑高潮带来的毁坏山林的影响。足利义满所建相国寺有高达百米的七重巨塔，遭落雷烧毁后重建，再次被烧毁后又在建有金阁的北山第重建。三度建造巨塔所耗木材应该巨大。播磨国矢野庄为建造这座巨塔及北山第、赤松氏的菩提寺宝林寺等播磨国内的寺院提供木材，应永十七年（1410）甚至砍伐了庄内上村天神、荒神等神社的灵木。长禄三年（1459）京郊的山城国久多庄"近年山林悉数伐尽，御材木更无余遗"，京都周围已经没有可用于建材的树木了（《久多庄文书》）。百姓为生产薪炭也一直在砍伐树木。很可能是因为这一砍伐，洪水才导致山体滑坡、泥沙俱下，而土壤蓄水力低下又导致旱灾扩大。

正长土一揆

继足利义满之后，开创了室町幕府安定期的第四代将军足利义持在其子义量早逝后，未确定继承人就于正长元年（1428）去世了。将军职在义持的 4 个兄弟之间抽签确定，中签的是已入佛门的足利义教。对于新将军义教来说，不幸的是此年刚好是前述异常气候的顶峰，爆发了"日本开辟以来，此为土民蜂起之始也"（《大乘院日记目录》）的正长土一揆。

这次土一揆在八月于近江爆发，九月扩大到京都近郊，十一月波及伊贺、伊势、大和、纪伊、和泉、河内。播磨国矢野庄也受到土一揆的影响，守护赤松氏为镇压土一揆，向此庄赋课征兵粮、人夫，并搜捕一揆首谋者。参加土一揆的民众号称实施德政，袭击酒屋、土仓、寺院，烧毁借契，取回抵押物。因此这次土一揆也被称为"德政一揆"。

人们采取过激行动的背后是物价的高涨。在土一揆爆发的前一年，矢野庄的米价从前一年的一石 760 文涨到将近一倍的 1300 文，则京都的米价应该更高。麦、大豆的价格也水涨船高，农产品以外的物价应该也有一定涨幅。面对这样的高物价，庶民只能把他们微不足道的物品抵押借钱。1428 年的米价也高达一石 900 文，人们眼看无法赎回抵押物时，成群结队地袭击了经营高利贷业的酒屋、土仓。

幕府虽没有发布德政令，但有些地区自行实施了德政。大和国东部的春日社领神户四个乡（奈良市柳生町）宣布勾销所有债务，在雕成禳除天花的疱疮地藏像的巨石上，刻下意为"神户四个乡不存在正长元年以前之债务"的字句。据说河内国也实施了德政，宣布可取回21年以内卖掉的水旱田地。

过完年后，土一揆更加激化。播磨国土民再次起义，进攻国中武士，不仅是庄园代官，连守护麾下的武士也或被杀死或被驱逐（《萨戒记》）。在丹波国大山庄，百姓烧毁政所，杀死武家代官的家丁。在大和国宇陀郡，伊贺国守护与榛原的刀祢兄弟率领的土一揆交战而死。第二年，袭击奈良的土一揆要求免除向奈良寺院的寺领庄园缴纳的一切年贡并获同意。面对庄园代官与守护权力融合的支配体制，民众正面举起了反抗的旗帜。

嘉吉之乱与土一揆

在正长土一揆的混乱中就任将军职的足利义教，颁布处理金钱借贷的法令、完善裁判制度等，但前代老臣相继去世后，他变得极其专横，因小事而触怒他的人也遭重惩，据说到了"万人恐怖"的地步。担任播磨、备前、美作三国守护的赤松满祐相信义教要消灭赤松家的流言，借着嘉吉元年（1441）六月义教亲临其宅邸的机会将他暗杀。这就是"嘉吉之乱"。

趁着将军被暗杀后的权力空白期，八月近江国再次爆发土一揆。八月末，在京郊起事的土一揆以"德政"为号攻进京都市区，占据了东寺、清水寺、东福寺、北野太秦寺、西八条等地，并封锁了出入京都的交通要道。这次土一揆与前次不同，起事民众遵守纪律，逼迫幕府发布德政令。

将军空缺的幕府屈服于土一揆的气势，在九月发布了德政令。它和只保护御家人的《永仁德政令》不同，不问债务人身份而勾销所有债务（但神物、祠堂钱除外）。

土一揆的动向蔓延到诸国。康正二年（1456）正月，袭击远江国引间（静冈县浜松市）土仓的土一揆爆发。这里的土仓据说藏有蒲御厨百姓抵押出去的稻种与口粮。穷困的百姓连稻种、口粮也不得不抵押出去。享德三年（1454）播磨国赤穗郡郡代被尺师浦百姓杀死，"郡中土一揆"爆发。农业环境的恶化，导致百姓与高利贷、百姓与守护权力的矛盾日益尖锐。

2　宽正饥馑与应仁之乱

复兴的努力

15 世纪 30 年代后，面对百姓要求实行绝无仅有的高额年贡减免，庄园领主尝试查证田地是否如百姓所说的那般荒废。

在播磨国矢野庄遭遇大旱的永享五年（1433），百姓主张颗粒无收,因此庄园领主东寺 85 年间首次实施内检,逐笔记录可能收获的得田与颗粒无存的损田。结果一半田地的年贡得到免除。旱灾再度袭来的嘉吉三年(1443),内检的结果是免除 80% 的年贡,文安二年(1445)的内检免除了 85% 的年贡,可知这些年份的农业生产受到了毁灭性打击,百姓没有撒谎。东大寺领的播磨国大部庄,也在永享七年(1435)再次开始了内检。

庄园领主自然不会拱手旁观庄园荒废。永享元年(1429)因大洪水而冲毁的东寺领山城国上野庄,由于原有水渠不能使用,东寺打算花费 200 多贯建造新水渠,但因下游庄园反对等原因而未果。1440 年,东寺以优惠条件任命近邻的国人革岛贞安为此庄代官,但一年后将其解职。后任代官是从东寺内部选出的玄雅法桥。东寺花费 300 多贯在嘉吉二年(1442)开辟出田地,但第二年因公历 6 月的洪水而化作泡影。即便如此,东寺仍未放弃复兴努力,1445 年再次任命玄雅为代官,投入 100 多贯开发,但又在公历 7 月的台风中遭毁。

不断的开垦失败,使得代官玄雅负债累累,于是他擅自将代官职卖给了附近的梅宫神社的神主中野贤祐。贤祐与自家神社、松尾大社商量,经两神社的社领建造新的水渠,并构筑堤防,成功复兴了上野庄。至长禄二年(1458)已是"庄家满作,年贡无为"(庄园田地皆得耕作,年贡缴纳无误)。但是玄雅因私卖代官职之事败露而遭处分,贤祐也与上野庄的百姓对立，宽正二年（1461）突然没落了。

在因缺水而长期处于颗粒无收状态的丹波国大山庄西田井村，代官中西明重也委托守护被官细田聪正在嘉吉二年（1442）重新开发，新掘蓄水池，开垦出 6 町 3 反多的田地。

庄域内有低湿地的若狭国太良庄，在长禄元年（1457）由守护被官的家臣山内右近大夫在流经南部的大河河堤上埋设导水管，排出了湿地积水而开辟新田。但是管理堤防的今富庄以田地、河堤受损为由，强行填塞了导水管，使得东寺向若狭守护上诉。

上野庄也好，太良庄也好，都想建造新的工程以图复兴，但触犯到了其他庄园的利益。可以说，由此也能看出将地域社会分隔为领域型庄园这个独立小世界的庄园制的局限性。

宽正饥馑

15 世纪 50 年代气温急降，降水量也增加，享德三年至康正元年（1454—1455）的降雨量连续是 167 年间最高，康正元年至长禄三年（1455—1459）则是仅次于 220 年前宽喜饥馑时的低温。这种恶劣气候延续的结果，就是发生在 1459—1461 年间，与宽喜饥馑并称为中世两大饥荒的宽正饥馑。

长禄三年（1459）从插秧时至夏季都非常少雨，公历 10 月开始台风数度来袭。此年水稻收成惨淡，矢野庄被免除了 90% 的年贡。第二年 4 月，京都六条路旁抱着饿死小孩的乞食母亲痛哭。据说河内国连续三年稻子没有结籽，这位母亲为逃避未交年贡的惩罚而逃亡至京都。

然而，这只不过是饥馑的序曲。5月半至6月上旬，大雨持续，快要收获的麦子、刚插完的稻子损失惨重。6月末寒潮袭来，人们穿起冬装。位于中国地区中部山区的美作、伯耆、备中（以及备前、备后）等地甚至出现了吃人事件。备中国新见庄7月末发生了驱逐武家代官的庄家一揆。7月上旬又降大雨，诸国堤防决堤、桥梁被毁。近江国琵琶湖漫水淹没田地，自知收成无望的农民逃荒到他国。这一年夏天台风、蝗灾也来袭，稻作也严重歉收，年底朝廷改元"宽正"。

饥馑的大潮出现在第三年的宽正二年（1461）。与应永饥馑时一样，人们纷纷涌入京都。公历3月初，越中出身的僧人愿阿弥建造了收容流民的大型棚屋，煮粟粥赈济饥民。将军足利义政给予愿阿弥100贯，但这无异于杯水车薪。流民容身的寺院内每天都有百人饿死，但新流民成倍涌入。4月中旬，贺茂川的河滩上遍布饿殍，洛中死者达82000人以上。这是某位僧人在逝者身边摆放卒塔婆的数量，应是准确数据吧。5月下旬，麦子总算结籽，饥荒暂时平息，但疫病持续。

低温多雨的气候持续到文明十二年（1480），人们不得不再忍耐20年的严酷气候。

室町幕府的政治迷航与应仁之乱

在嘉吉之乱中失去将军的室町幕府迷失了方向。事变第二年，年仅 9 岁的足利义胜完成元服仪式而就任将军，但第二年夭亡。其弟足利义政被定为后继者，但迟至 6 年后的宝德元年（1449）才就任将军职。

将军统制的减弱，解放了意在排他性地掌控管国的守护的欲望，强占庄园之事再次出现。"播磨、美作、备前等国，新任守护擅自占据土地，完全不听制止。将军命令形同虚设。"镇压嘉吉之乱而获得赤松氏旧领的山名持丰（宗全）如上面这句话所说的那样，无视幕府的节制而不断强占庄园。若狭守护武田氏也声称幕府许可其支配国中寺社本所领的预所职，没收了庄园的代官职分给被官。

成年的足利义政意图恢复将军权威，但一度决定下来的事情又朝令夕改，招致混乱。诸大名家的后继者之争激化，其中畠山义就、畠山政长争夺畠山氏家督（家长的地位）的争斗最为严重。应仁元年（1467）正月，足利义政罢免了畠山政长的管领职，命令他把畠山氏的京都宅邸交给义就，但政长驻军于将军御所东北的上御灵神社，摆出要攻击御所的架势。足利义政想让义就、政长两人单独对决，但支持两方的大名陆续集结，人们还在惊讶间，他们已经分作东西两军在京都街头开战。这就是"应仁之乱"。这场大乱以庄园制之核心的京都为主战场，给集结于京都的诸领主、商人的活动以沉重打击。

各自就国的守护

开战十多年后的文明九年（1477），西军解散，大乱终结，京都市区的战斗也结束了。但一国并存两军各自任命的守护的状况并未结束，地方上的战斗依旧延续。足利义政的威信荡然无存，感觉没有必要在京都侍奉于将军近旁的守护陆续回到管国。以1477年大内政弘回国为开端，土岐氏、山名氏、赤松氏、斯波氏等逐一就国，畠山义就、畠山政长也各自回国，并在河内国等地继续死战不休。迟迟留在京都的一色义直也于文明十八年（1486）年回国后，京都就只剩下管领细川政元、若狭武田氏等，支撑室町时代庄园制的守护在京制就此瓦解。

守护为赢得在管国内的战斗，必须确保新的财源以及恩赏家臣的土地。为此而采取的手段就是对人在京都或他国的领主的所领赋课半济，或者直接强占。守护已经毫不顾忌幕府，五山领庄园，幕府御料所，奉公众、奉行人等幕府直臣领也成为强占对象。例如丹后守护一色义直，归国之后立刻对等持院领宫津庄赋课半济，并强占了常在光寺领大石庄、鹿王院领余户庄等庄园。

面对诸国守护强占幕府御料所的现状，新任将军足利义尚为打开局面，于长享元年（1487）亲自率军讨伐持续霸占寺社本所领、幕府御料所、直臣领等的近江守护六角高赖。但是高赖逃进甲贺郡的山中，把局面拖入持久战，延德元年（1489）足利义尚病死军中。接着被立为将军的足利义材（后改名为义尹、义稙）也要求诸国守护返还幕府直臣领地、恢复在京居住，并再度讨伐不听命令的六角高赖，但只砍掉了高赖替身的脑袋，讨伐未获成功。

将军义尚、义材两度讨伐六角氏，是室町幕府对守护放弃在京义务，持续强占寺社本所领、幕府御料所、幕府直臣领之行为的最后抵抗。讨伐六角氏失败的将军义材又亲自讨伐河内国的畠山基家（后改名为义丰，义就之子），但明应二年（1493）管领细川政元发动政变，放逐义材、拥立足利义澄为将军。这场政变给室町幕府的权威以决定性打击。

京都的衰退

然而发动政变的细川政元也在永正四年（1507）被暗杀，分裂的细川氏等各路势力围绕京都反复争夺（永正之错乱）。连续的战乱导致京都人口锐减，其政治上、经济上的重要性也降低。庄园制的向心性经济结构、地方至京都的物流、往返京都与地方之间的商人网络也由此蒙受了致命打击。

京都的衰退从米价上也可看出。用京都东寺所用下行升计量的 1 石米的价格，在宽正饥馑开始的长禄三年（1459）是 1176 文，三年后的宽正二年（1461）是 1 贯，1463 年则暴跌到一半的 526 文。这应是饥馑带来的人口减少所致。米价到应仁之乱结束后也未涨回，16 世纪平均在 1 石 540 文前后。这应是守护归国导致人口减少、留在京都的领主陷入穷困所致。

应仁之乱后的庄园

因应仁之乱后守护归国,庄园制几乎崩溃,但它毕竟是延续数百年的制度,不会那么简单消失。应仁之乱后仍有不少庄园通过武家代官、守护请而获得少量年贡。东寺在文明十年(1478)从将军足利义尚处获得寺领的总认可,战乱之中音信不通的丹波国大山庄、播磨国矢野庄、备中国新见庄、摄津国垂水庄、近江国三村庄也重新缴纳数额不高的年贡。矢野庄的年贡交至天文十五年(1546),备中国新见庄的代官新见氏到室町幕府灭亡第二年的天正二年(1574)为止仍在缴纳年贡。最后这年的年贡是特产的纸张30束(1束480张),换算成钱是5贯400文。

因为无法再支配地方的庄园,也有一些穷困的庄园领主前往庄园当地居住。摄关家之一的九条家家主九条政基,在应仁之乱中的文明二年(1470)前往家领中的尾张国二宫庄(爱知县犬山市),在文龟元年(1501)又迁至和泉国日根庄居住。不过,这次下乡也是为避风头:政基父子从管家唐桥在数那里借用了200贯,随后因债务问题冲突而杀害了在数。政基长期居住于庄内的大木村长福寺,在日记中详细记录了庄民的生活(《政基公旅引付》)。但如后文所述,日根庄已经成为地方豪强率领的总村联合体,政基似乎并没有插足其经营的余地。在日根庄居住4年后,他又迁至山城国小盐庄(京都府向日市)居住。

同样是摄关家的一条家，一条兼良的儿子教房在应仁元年（1468）前往家领土佐国幡多庄（高知县四万十市等地）。教房在当地居住 12 年，但似乎经营领地并不顺利，送至京都的东西很少，只能算是赠答程度。

不过，教房留在土佐国的儿子房家，获得了当地国人的支持，取代土佐守护细川氏成为事实上统治土佐国的战国大名（土佐一条家）。另一方面，前往摄津国福原的房家之兄一条政房，在文明元年（1469）遭遇入侵的山名军，命丧兵卒的长枪之下。人的命运实在无常。

3　走向消亡的庄园

从名主到土豪

在中世庄园制中，庄内的水田旱地及宅地被分为名，由实力百姓担任名主负责经营及纳税。庄民由名主、小百姓构成，名主亲自耕作身为名田的水旱田地，同时也将部分承包给小百姓并征收加地子。但是到了室町时代，名的结构徒有其表，承包水旱名田耕作的名主的作用也有名无实，耕作各处水旱田地的农民向庄园领主缴纳年贡公事，向名主缴纳加地子。加地子也被认为是年贡的观念产生，纳给庄园领主的年贡被特别叫作"公方年贡"。

南北朝、室町时代，名主确立了对于水旱名田的所有权，名田买卖也盛行起来。于是在15世纪，广购水旱田地，并向耕作这些土地的小百姓收取加地子的小领主诞生。他们被称作"土豪""地侍"。与江户时代的地主不同，土豪不仅具备经济实力，且有地域社会中认可的武士身份，拥有名字或者"权守""大夫""卫门"这类官途（官衔）名；与庄园领主任命的名主不同，土豪是室町时代地域社会孕育出来的独特的支配身份。

例如山城国上久世庄在长禄三年（1459）向室町幕府起誓无庄民参与土一揆之际，分别提出了"上久世侍分"署名的起誓文，以及"地下分"署名的起请文。前者有"康光""忠吉""贞信""宗次""贞俊"等武士或者名主风格的名字，后者则是"与次郎""太郎次郎""三郎五郎"之类普通百姓的名字。下久世庄同样提交了起请文。但另一方面，他们在三年后向庄园领主东寺提交了以"名主沙汰人百姓等"为名义的起请文。这个时期的庄园，名的结构崩溃，实际成为土豪与普通百姓的世界，但面对庄园领主时，他们依然以名主、小百姓的身份处理事情。

从庄园到总村

庄园中存在作为地域单位的村，虽然没有像名一样得以制度化，但随着集村化发展，村在农业经营的合理化及在互相扶助上的作用增强。进入室町时代，与土豪阶层的成长并行，村落结合也越发强大，出现了以畿内近国为中心、冠以"总"之名的自治村落。这就是"总村"。"总"意为"全部"，总村不分土豪、普通百姓，以住在该村的所有居民为成员，是拥有居民自治所带来的严格集体规制的村落。

面对15世纪30年代开始显露的宽正饥馑导致的水旱田地荒废，村民必须要修整耕地、水渠等农业基础设施，管理包括周围山野在内的环境；面对政局混乱带来的治安恶化，村民也被迫要集体防卫。总村的诞生，就源于这两方面的因素。

与前述上久世庄的例子一样，长禄三年（1459）若狭国太良庄的百姓也第一次向东寺提交了自称"总百姓"的申状。在此申状中，他们用激烈的口吻非难庄园领主："面对若狭国的骚乱，其他庄园的代官都到庄警备，但这里的领主不仅不派代官，连个中间（下级奉公人）都不派，甚至连情况如何也不过问一句，还把百姓当人看吗？今后你们即便派使者前来，我们也不予理会。"无法保护地方安全的庄园领主被百姓抛弃了。

农民结成称为"总"的自治集团时，成为凝结村人之核的是村落的镇守神社或寺院。负责祭祀活动的村民组织称作"宫座"，村民在那里召开集会，决定祭祀安排，同时讨论农事或调节村人间的矛盾。成年之后就加入宫座的村人分作年轻的若众、壮年的中老、老年的乙名（大人），随年龄序列而升进，在此过程中承担祭礼头人（祭祀总责任者）等职责。这一组织在保护村落时也成为军事组织，若众在中老的指挥下战斗。

15世纪的庄园发展为这种新型村落，过去由庄官操办的大半业务由村落负责。有些庄园由村落承包年贡的征收，这被称为"地下请""百姓请"。永享二年（1430）的和泉国日根庄，作为庄园地域区划的入山田村之下，出现了土丸、大木、菖蒲、船渊这四个延续到近世村落的村庄，并形成了以村为单位确定田数、年贡米数额，由各村的番头负责缴纳年贡的体制。即便庄园领主九条政基亲临当地，也没什么特别的事情可做。

庄园已经失去作为经营、支配框架的实貌，庄园的名称也不知何时从地方上消失，村以及村庄联合体的乡取而代之，成为地方的框架。近世社会继承这一状况，形成了由村负责向领主缴纳年贡的村请制。

从国人领主到国众

前章谈到的国人领主，也在15世纪中叶变为统治超出庄园之广阔领域的国众。国人领主在其根据地聚集庄园所职，形成了超越单个所职边界的支配领域，不过其中包含庄园的代官职、守护托管的给地，统治并不稳定。但是在15世纪中叶室町幕府的统治力衰弱后，国人依靠实力掌控了作为代官职、守护给地而获得的土地，并与周围的国人抗衡，逐步扩大势力，控制了郡级的区域。此类领主就称为"国众"。

信浓国小县郡的海野氏是拥有海野庄（长野县东御市）地头职的国人领主，应仁之乱时向西邻的上田庄、常田庄扩张，掌控两地后形成了称作"海野领"的支配领域。这一扩张是在与常田庄对面的村上乡的村上氏对抗下进行的。上田庄内有拥有地头职的太田氏，但成了海野氏的家臣。海野氏也把被官小宫山氏任命为上田庄代官，并在庄内要地建造了砥石城。

海野领形成的结果，就是上田庄、常田庄的消亡，原庄域中的各个村落名称也被冠以"海野""海野之内"的称呼。在这里，庄园也失去了作为支配结构的功能，从地域社会中消失了。国众被战国大名[1]组织起来，成为其重臣阶层（平山优《战国大名与国众》）。

至此，自 12 世纪院政时期开始的中世庄园制结束了 400 余年的历史，自《垦田永年私财法》颁布而连绵 750 多年的庄园也就此画上了句号。

---

1 按照这里引用的平山氏著作，战国大名的定义为：一、除名义上遵从幕府、朝廷、镰仓公方、守护家等室町时代传统的上位权力外，不从属于任何势力；二、独立制定政治、外交、军事政策，虽然一般会尊重传统上位权力的命令，但不会被其摆布；三、形成了对超越自己个别领主权力的地区实施统一支配的地方权力，将周围服从自己的领主编入被称为"家中"的家臣团组织中予以支配。四、其支配领域大则覆盖令制国的一国或数国，小则控制国中数个郡以上的地域。——译注

终章

日本的庄园是什么？

古代庄园

我们结束了从《垦田永年私财法》颁布开始延续 750 多年的庄园历史之旅，最后回顾一下其间庄园的发展足迹吧。奈良时代，圣武天皇为了从天花大流行的灾害中复兴，以及确保佛教振兴的财源，颁布了承认垦田私有的《垦田永年私财法》，贵族、寺社设立的庄园由此诞生。不过这个时代的社会基础结构是律令制，垦田、庄园是补充它的制度。这个时代的庄园（初期庄园）由垦田、预备开发地构成，其经营由当地的郡司一族参与。

9 世纪后半叶天灾持续，作为律令制基础的古代村落解体，担任郡司的古代豪族也失去了实力，于是摄关时期的朝廷把权限委任给国司，命其处理新的事态。国司（受领）将国内田地划分为"名"，让有实力的农民也即田堵承包经营及纳税，并奖励耕地开发，认可开发者等人获得持有权的私领以及可减免税的免田。贵族、寺社获捐或者购买这种免田，附带一些预备开发地，并以此范围设立庄园，这就是免田型庄园，其中一部分拥有免缴官物的不输权、拒绝检田使入内的不入权。但是在这个时代，令制国经营的重点依旧是公领，朝廷多次颁布整顿庄园过度增长的庄园整理令。至此为止就是中世庄园制的前史。

中世庄园制的形成

10 世纪后半叶开始，负责国衙实务的在厅官人成长，11 世纪中叶，朝廷引入了赋予他们管理公领、征税权的别名制度，而世袭某一职务的义务与权益的"职"的惯例也固定下来，同时具备这两方面的地方豪族，也即在地领主诞生。

后三条天皇发布《延久庄园整理令》，严格限制庄园，但白河上皇为筹措建造树立院政权威的御愿寺的经费，设立了领域型庄园。领域型庄园以在地领主捐赠的免田为核心圈占山野，成为获得不输不入之权的治外法权式的领域。其领主权由三层领主掌握，也即赋予庄园特权的天皇家、摄关家等本家，居中处理进献事务的贵族等领家，以及由在地领主担任的庄官。

鸟羽上皇、后白河上皇也大力推进领域型庄园的设立，形成了八条院领、长讲堂领等巨大庄园群，庄园制成为社会的根本制度。通过引入知行国制，公领中也出现了类似庄园中的支配机构。庄园领主必需的物品与劳役被分作庄园的年贡、公事，从而形成一个个独立小世界与中央直接联系的经济体系。

以仁王愤于平清盛专横而起兵，源赖朝接受其令旨在关东举兵，击退了平家的讨伐军，没收敌方的所职封给己方。这是作为叛军的非法之举，但平家离开后的朝廷，以交纳年贡为条件追认了这一行为。源赖朝掌握了平家没官领、谋反人遗领的所职任免权，封赏给御家人的这些所职被统一称作"地头职"。镰仓幕府在承久之乱中获胜，地头职显著增加。

地头制的成立，使日本也出现了近似西欧封建制的制度，即主君赐予领地的支配权，以奖励家臣的军功。不过镰仓幕府对朝廷持妥协态度，没有在所有庄园中设置地头，地头也继承了庄官义务，因此本家—领家—庄官的支配关系与将军—地头御家人的支配关系并存。

庄园制的变貌

地头继承了缴纳年贡、公事的义务，但逐渐懈怠，与领家之间频发纠纷，于是他们就和领家进行分割支配领域的下地中分。领家和本家之间也发生了纷争，掌握庄务权的一方被称作"本所"。这样，镰仓时代末期庄园领主制中的重层性开始解体，一个领主支配一片领域的"职的一元化"发展，庄园分作武士所有并负担军役的武家领，以及贵族、寺社所有的寺社本所领。

在镰仓时代，新田开发带来了耕地的增加，牛马耕作的普及等也带来了农业生产力的上升，但异常气候导致的宽喜饥馑仍是巨大考验。镰仓时代末期，年贡、公事开始货币化，庄园制经济迎来巨大转折。

后醍醐天皇的建武新政以短命告终，南北朝内乱开始，寺社本所领被军队强占，也被课征半济，即收取一半年贡充当兵粮。在前线率兵打仗的守护权限扩大，维持庄园支配也必须得到当地守护的承认。

不过，结束南北朝内乱的室町幕府引入了守护在京制，除东国、九州外的各国守护常驻京都，部分寺社本所领得到恢复。室町幕府拥有直辖领御料所，有力守护家在各地也拥有很多庄园，得到武家保护的禅寺也获捐许多庄园。京都人口增加，地方至京都的物流扩大。

南北朝、室町时代的庄园普遍推行了由土仓主、禅僧、守护等承包年贡收缴的代官请负制，但这逐渐导致庄园领主权的空洞化。村落联合发展，百姓的农业经营独立性增强，政治性地位也得以提高，面对贪婪的代官、庄官，他们集体逃散，迫使领主将其解职。身为地方武士的国人也以本领为中心积累所职，扩大势力。

庄园制的解体

15世纪初，旱灾带来了应永饥馑，接下来的高温多湿气候下的气象灾害又导致各庄园损失惨重,穷困的农民发起了正长土一揆。15世纪中期后低温多雨的气候持续,宽正饥馑袭来,饿殍遍野。

其间,将军足利义教在嘉吉之乱中被暗杀,幕府对守护管制的弛缓使得强占庄园的风潮再起,1467年应仁之乱爆发,庄园制核心的首都京都沦为废墟。室町幕府的权威扫地,守护在京体制瓦解,守护纷纷离京就国,幕府御料所、禅寺领地也被他们抢占并分与家臣。

在农村,名的结构徒有其表,购买水旱田地并收取"加地子"这一地租的土豪成长,村人自治运营的总村也形成了。国人领主成长为支配超越庄园边界的广域地区的国众,作为经营、支配单位的庄园结构成为空壳。

以京都为核心的向心性经济结构以应仁之乱为契机崩溃,地域内的庄园结构因总村、土豪和国众的成长而消亡。本书将这两方面视作庄园制瓦解的象征。也有人以否定加地子等中间剥削环节的太阁检地作为庄园制解体的标志,但笔者认为在此之前,作为宏观经济结构与经营、支配框架的庄园制已经解体了。

庄园制的历史意义

日本庄园的历史,尤其是院政期以后的中世庄园(领域型庄园)的历史,或许可视作持续四百年的社会实验,从中可以观察到小区域的自治权最大、国家或地方政府作用最小时会发生什么。

到摄关时期为止的庄园只是公领的补充，时常受到国衙压迫，但院政时期领域型庄园确立，以具有治外法权的私有领域为基础的中世庄园制形成。这是与万事皆死板的官僚制正相反的柔软体制，但也因为柔软而难以控制。

中世庄园圈占了包含耕地、山野的领域，领主自负其责，自由开发、经营庄园领域并承担其结果，包含有效利用山野资源的农业生产集约化得到了发展。近年人们从"自然的可持续利用""保护生物多样性"的观点关注"里山"。所谓里山，就是村人不断活用周边山野产物而改造出的有益于生活的山野。里山见于史料就是从室町时代开始的（水野章二《里山の成立》）。

中世庄园在运输年贡、公事物的方式上有很高的自由度，这促进了货币流通的渗透，推动了物流的合理化。镰仓时代末期开始的年贡、公事货币化普及，庄园的农业生产、手工业生产自由度增加，适应地域风土的特产发展。室町时代的耕地面积较之镰仓以来的应该没怎么增加，但人们感觉室町时代更繁荣，应该就是土地的高度利用、物流的合理化、特产的丰富所赐吧。

但是，对耕地、山野的高度利用，很可能是正长土一揆时期开始显著化的庄园荒废的要因之一。下个时代需要避免各个庄园无止境地利用自然以致过度开发的管理体系。

触摸庄园的世界

庄园是中世农民生活与生产的场所，其遗址也以水旱田地、山野、水渠以及附着其上的地名为主。中世后期耕地安定，为后世传承，因此除近世以后新开发的地区，半个世纪以前中世庄园的痕迹随处可见。

但是 1963 年开始，为了推广农业机械化，日本开始了圃场整备事业，农村耕地发生了翻天覆地的变化。这项事业翻掘过去的田地，将之重新规划为长 100 米、宽 30 米的方形区划，并重新整修水渠，以便拖拉机、插秧机、收割机等农业机械进入圃场（耕作的农地）。

这虽是提高日本农业生产力的必要举措，但对于庄园研究者来说不免遗憾，圃场整备改变了沿袭自中世的田地形状、地名以及水利系统，抹除了探索中世庄园的线索。

当时一些人认识到这一问题，在丹波国大山庄、播磨国大部庄等庄园故地圃场整备前，记录并保存耕地形状、地名、引水排水情况。山区难以实施圃场整备，所以山坡上铺展的那些小块田地，也即梯田，有不少就源于中世时代。

也有一些地方通过庄园研究者的努力以及当地民众的理解，大体维持了往昔景观。其中留有《陆奥国骨寺村绘图》的"一关本寺的农村景观"（岩手县一关市），留有第六章中解说过的《和泉国日根庄绘图》的"日根庄大木的农村景观"（大阪府泉佐野市），以及丰后国田染庄故地的"田染庄小崎的农村景观"，都被文化厅定为重要文化景观。

此外，也有很多庄园故地被国家或地方自治体定为历史遗址，如上野国新田庄、加贺国横江庄、伊豫国弓削岛庄等。各位不妨从县史、市町村史以及地方自治体的网站上搜集信息，亲身到当地走一走如何？

后记

撰写本书经桥本雄先生（北海道大学）推荐，承蒙中公新书编辑部上林达也氏邀约，已是五年前的事情。作为庄园研究领域的一分子，我深感简明版庄园通史的必要性，立即就答应了下来。

虽心里有所准备，但写作过程仍极其艰难。这当然因为自己学力不逮，但也因这项工作必须与 20 世纪 50 年代至 70 年代活跃的日本中世史研究巨人，即石母田正、永原庆二、佐藤进一、石井进、网野善彦、户田芳实、河音能平、坂本赏三、工藤敬一、大山乔平、黑田俊雄、佐藤和彦诸先学的成果搏斗，尤其是关于中世成立阶段的摄关、院政时期有深厚的先行研究，写一小段就需要反复翻查许多论文、书籍以及史料依据。卷末的参考文献中省略了过去的研究，但希望读者留意近年的研究成果也是站在这些巨人肩膀之上的成就。

　　我从 20 世纪 80 年代中期开始从事研究，前文列举的先生大半都得以见面，其中有不少今日已辞世不在。执笔期间，与诸位先生的谈话、先生们在学会上发言的身影浮于心间。近年来的庄园史研究也取得了诸多进展，划时代的成就是阐明了由在地领主捐赠而成立的中世庄园，在形成过程与院政的权力密切相关。这一"立庄论"的主唱者、英年早逝的川端新氏的音容也浮现于我的脑海。希望本书能够成为将庄园研究传递到下个世代的桥梁。

　　本书耗费五年自是因为写作困难及本人怠惰，也因笔者惊讶于中塚武氏通过对树轮纤维素的稳定氧同位素研究而阐明的降水量变动，与庄园的历史发展有相当程度的对应，因此我参与了综合地球环境学研究所的项目，并投入精力研究。很荣幸地能够将这些成果反映在本书之中。

　　另外，本书无法包罗日本庄园史的所有问题。将人纳入主从制秩序的权门的形成过程、镰仓时代贵族社会的变化、朝廷与幕府编织而成的中世国家的成立等都被省略了。叙述之中也可能存在让读者感到唐突的部分，限于本书篇幅及笔者能力，敬请各位谅解。网野善彦氏所开拓的非农业民研究也几乎无暇纳入本书。我想现状是人们在谈论非农业民之前，连农民是什么样也不清楚了。关于庄园的区域差异问题，本书也未能提及九州、东国、奥羽等地的庄园模式。可能的话，这些内容留待他日完成。

　　本书基于笔者在名城大学人间学部讲授数年的"日本社会史"的讲义内容。这门课程安排在周四第一节的大清早，但出席率很高，学生也愿意跟随。布置考察庄园所在地的课题时，有学生提交了关于三河国星野庄（爱知县丰川市）的力作。问起学生的听课感受，也有人评论说"一个制度一直维持下去好难啊"。确实如此。上课时说出学生不熟悉的人名，或者无意识地使用专业用语便会导致课堂冷场。本书受此教训，在叙述中省略了不是很有必要的人名，并在正文中解释专业术语。

　　因为新冠疫情，去年的授课改为远程模式，给学生播放讲义内容的录音。往年南北朝、室町时代的内容被一笔带过，但远程授课时每堂课没有时间限制，我得以顺利完成这部分内容，而且不折不扣地上到庄园制的终结。这也帮助了本书的写作，虽然为此付出了已经几十年没有过的通宵工作。

　　庄园制很长时间都不再是学界的流行课题，但笔者在推特上发一些关于庄园的零碎评论时有许多回应。在只限定熟人圈的脸书上发有关写作的进展也会收到点赞。于是笔者感受到社会上对庄园的知识依然有所需求，再度鼓起勇气。

　　对于耐心等待书稿并提供了宝贵建议的上林氏、担任编辑并使本书得以成形的并木光晴氏、听课的诸位同学、通读本书初稿的妻子，以及在现实中见过面或在网络上相识的诸位，本书靠着大家勉励才得以问世，笔者对此致以深切谢意。

庄园

　　我过去是一名憧憬时间旅行的少年，因为去不了未来而选择回到过去。本书若能有助于各位的时间旅行，是笔者至幸。

2021 年 7 月

伊藤俊一

参考文献

数章皆参考的著作列入最初出现的章节。

通论著作：

稲垣泰彦『荘園の世界』（東京大学出版会、一九七三年）

木村茂光『日本中世の歴史1　中世社会の成り立ち』（吉川弘文館、
　二〇〇九年）

工藤敬一『荘園の人々』（教育社歴史新書、一九七八年）

荘園史研究会編『荘園史研究ハンドブック』（東京堂出版、二〇一三年）

瀬野精一郎編『日本荘園史大辞典』（吉川弘文館、二〇〇三年）

永原慶二『荘園』（吉川弘文館、一九九八年）

永原慶二『永原慶二著作選集1〜10』（吉川弘文館、二〇〇七〜
　二〇〇八年）

渡辺尚志、五味文彦編『新体系日本史3　土地所有史』（山川出版社、
　二〇〇二年）

『講座日本荘園史1〜10』（吉川弘文館、一九八九〜二〇〇五年）

『日本思想大系21　中世政治社会思想上』（岩波書店、一九七二年）

庄園

『日本思想大系 22　中世政治社会思想下』（岩波書店、一九八一年）

第一章　律令制与初期庄園

石上英一『古代荘園史料の基礎的研究上』（塙書房、一九九七年）

何東「班田法における『墾田』規定の再考察―日中律令制の比較研究
　　をめぐって―」（九州法学 90 号、二〇〇四年）

北村安裕『日本古代の大土地経営と社会』（同成社、二〇一五年）

栄原永遠男「行基と三世一身法」（『日本名僧論集　巻 1』吉川弘文館、
　　一九八三年）

篠田達明『病気が変えた日本の歴史』（NHK 出版、二〇〇四年）

福原栄太郎「天平九年の疫病流行とその政治的影響について―古代環
　　境とその影響についての予備的考察―」（神戸山手大学環境文化研
　　究所紀要第 4 号、二〇〇〇年）

福原栄太郎「再び天平九年の疫病流行とその影響について」（橋本政
　　良編『環境歴史学の視座』岩田書院、二〇〇二年）

吉川真司『列島の古代史 8　律令体制の展開と列島社会』（岩波書店、
　　二〇〇六年）

吉田孝『律令国家と古代の社会』（岩波書店、一九八三年）

依田亮一「神仏と山川藪沢の開発―鎌倉郡沼濱郷―」（天野努、田中
　　広明編『古代の開発と地域の力』高志書院、二〇一四年）

『福井県史通史編 1　原始・古代』（福井県、一九九三年）

『図説福井県史』（福井県、一九九八年）

第二章　摂関政治和免田型庄園

天野努、田中広明編『古代の開発と地域の力』（高志書院、二〇一四年）

246

石母田正『中世的世界の形成』(東京大学出版会、一九五七年。后收入岩波文庫)

加藤友康編『日本の時代史6　摂関政治と王朝文化』(吉川弘文館、二〇〇二年)

坂上康俊『日本古代の歴史5　摂関政治と地方社会』(吉川弘文館、二〇一五年)

坂上康俊『日本の歴史5　律令国家の転換と「日本」』(講談社、二〇〇一年。后收入讲谈社学术文库)

坂本賞三『日本王朝国家体制論』(東京大学出版会、一九七二年)

笹生衛『神と死者の考古学—古代のまつりと信仰—』(吉川弘文館、二〇一五年)

佐藤泰弘『日本中世の黎明』(京都大学学術出版会、二〇〇一年)

佐藤泰弘「平安時代の官物と領主得分」(甲南大学紀要文学編129号、二〇〇二年)

鈴木哲雄『中世日本の開発と百姓』(岩田書院、二〇〇一年)

戸田芳実『日本領主制成立史の研究』(岩波書店、一九六七年)

中塚武、對島あかね、佐野雅規編『気候変動から読みなおす日本史2　古気候の復元と年代論の構築』(臨川書店、二〇二一年)

早川由紀夫「平安時代に起こった八ヶ岳崩壊と千曲川洪水」(歴史地震26号、二〇一一年)

原明芳「信濃における奈良・平安時代の集落展開—松本平東南部、田川流域を中心として—」(『帝京大学山梨文化財研究所研究報告第7集』帝京大学山梨文化財研究所、一九九六年)

福島正樹『日本中世の歴史2　院政と武士の登場』(吉川弘文館、二〇〇九年)

水野章二「10〜12世紀の農業災害と中世社会の形成」(伊藤啓介、田村憲美、水野章二編『気候変動から読みなおす日本史4　気候変

庄园

動と中世社会』臨川書店、二〇二〇年）

『屋代遺跡群城ノ内遺跡9』（千曲市教育委員会、二〇一三年）

第三章　中世的胎动

赤松秀亮「美濃国大井荘の中世化と『開発領主』大中臣氏」（海老
　澤衷編『中世荘園村落の環境歴史学―東大寺領美濃国大井荘の研
　究―』吉川弘文館、二〇一八年）

上島享『日本中世社会の形成と王権』（名古屋大学出版会、二〇一〇年）

梅村喬『「職」成立過程の研究』（校倉書房、二〇一一年）

大山喬平『日本中世農村史の研究』（岩波書店、一九七八年）

勝山清次『中世年貢制成立史の研究』（塙書房、一九九五年）

木村茂光『日本中世百姓成立史論』（吉川弘文館、二〇一四年）

坂本賞三『藤原頼通の時代』（平凡社、一九九一年）

関幸彦『武士の誕生』（NHKブックス、一九九九年）

橘田正徳「中世的社会の形成―集落・墓地・流通・開発からみた中世
　前期の社会―」（滋賀県立大学博士論文乙第三三号、二〇一四年）

西谷正浩『日本中世の所有構造』（塙書房、二〇〇六年）

桃崎有一郎『武士の起源を解きあかす―混血する古代、創発される中
　世―』（ちくま新書、二〇一八年）

『大垣市史通史編　自然・原始～近世』（大垣市、二〇一四年）

第四章　院政与領域型庄园

海老澤衷編『よみがえる荘園』（勉誠出版、二〇一九年）

小川弘和『中世的九州の形成』（高志書院、二〇一六年）

鎌倉佐保『日本中世荘園制成立史論』（塙書房、二〇〇八年）

川端新『荘園制成立史の研究』（思文閣出版、二〇〇〇年）

鈴木尉元、堀口万吉、小荒井衛「女堀の謎」（地質ニュース415号、一九八九年）

高野陽子「丹波国吉富荘にみる耕地開発と条里関連遺構」（京都府埋蔵文化財論集第7集、二〇一六年）

高橋一樹『中世荘園制と鎌倉幕府』（塙書房、二〇〇四年）

野口華世「『安楽寿院文書』にみる御願寺の構造―『安楽寿院文書』の翻刻とその検討―」（人文学報〔東京都立大学〕3 5 7号、二〇〇五年）

野口華世「中世前期の王家と安楽寿院―『女院領』と女院の本質―」（ヒストリア198号、二〇〇六年）

能登健、峰岸純夫『よみがえる中世5 浅間火山灰と中世の東国』（平凡社、一九八九年）

服部英雄「東国の灌漑用水―巨大な記念物、女堀―」（河原純之編『古代史復元10 古代から中世へ』講談社、一九九〇年）

樋口健太郎『中世王権の形成と摂関家』（吉川弘文館、二〇一八年）

美川圭『院政』（中公新書、二〇〇六年）

峰岸純夫『中世 災害・戦乱の社会史』（吉川弘文館、二〇〇一年）

『三重県史通史編 中世』（三重県、二〇二〇年）

第五章　武家政権と荘園制

網野善彦『日本中世の民衆像』（岩波新書、一九八〇年）

石井進『日本中世国家史の研究』（岩波書店、一九七〇年）

海津一朗「中世社会における『囚人預置』慣行―西国地頭の村預けを中心に―」（日本史研究288号、一九八六年）

川合康『鎌倉幕府成立史の研究』（校倉書房、二〇〇四年）

川合康『日本中世の歴史3　源平の内乱と公武政権』（吉川弘文館、
　二〇〇九年）

工藤敬一『荘園公領制の成立と内乱』（思文閣出版、一九九二年）

坂井孝一『承久の乱』（中公新書、二〇一八年）

佐藤進一『日本中世史論集』（岩波書店、一九九〇年）

高橋典幸『鎌倉幕府軍制と御家人制』（吉川弘文館、二〇〇八年）

服部英雄「平家物語の時代と農業用水」（石井進編『中世の村落と現代』
　吉川弘文館、一九九一年）

藤井駿、加原耕作『備中湛井十二箇郷用水史』（湛井十二箇郷組合、
　一九七六年）

前田英之『平家政権と荘園制』（吉川弘文館、二〇一七年）

元木靖「日本における滞水性低地の開発―クリーク水田地域の比較歴
　史地理学序説―」（歴史地理39巻1号、一九九七年）

第六章　中世庄园的世界

磯貝富士男『日本中世奴隷制論』（校倉書房、二〇〇七年）

上村喜久子「『尾張國冨田庄絵図』の主題をめぐって―文書目録と絵
　図読解―」（愛知県史研究5巻、二〇〇一年）

海津一朗編『紀伊国桛田荘』（同成社、二〇一一年）

苅米一志『荘園社会における宗教構造』（校倉書房、二〇〇四年）

金田章裕『微地形と中世村落』（吉川弘文館、一九九三年）

鈴木哲雄『日本中世の村と百姓』（吉川弘文館、二〇二一年）

鈴木正貴「尾張国冨田荘の考古学的研究―成願寺を中心として―」（愛
　知県埋蔵文化財センター研究紀要5号、二〇〇四年）

西田友広『荘園のしくみと暮らし―松江の中世を探る―』（松江市歴
　史まちづくり部史料調査課、二〇二一年）

原田信男『中世の村のかたちと暮らし』(角川選書、二〇〇八年)

前田正明「紀伊国桛田荘の開発と土豪・是吉」(和歌山県立博物館研究紀要 23 号、二〇一七年)

松本博幸「中世荘園年貢散用システムにおける枡と和市―法隆寺領播磨国鵤荘を例として―」(北大史学 49 号、二〇〇九年)

水野章二『里山の成立―中世の環境と資源―』(吉川弘文館、二〇一五年)

『新修泉佐野市史 1　通史編』(清文堂出版、二〇〇八年)

『静岡県史通史編 2　中世』(静岡県、一九九七年)

『京都大学文学部博物館の古文書　第 1 輯　長講堂領目録と島田家文書』(思文閣出版、一九八七年)

『輪島市飯川谷製鉄遺跡』(石川県教育委員会・石川県埋蔵文化財センター、二〇〇九年)

第七章　鎌倉后期的转变

赤松秀亮「鎌倉末期播磨国矢野荘の領域構成―重藤名に注目して―」(鎌倉遺文研究 35 号、二〇一五年)

新井孝重『黒田悪党たちの中世史』(NHK ブックス、二〇〇五年)

磯貝富士男『中世の農業と気候』(吉川弘文館、二〇〇二年)

大田由紀夫「12 〜 15 世紀初頭東アジアにおける銅銭の流布」(社会経済史学 61-2 号、一九九五年)

工藤敬一『荘園制社会の基本構造』(校倉書房、二〇〇二年)

熊谷隆之「摂津国長洲荘悪党と公武寺社」(勝山清次編『南都寺院文書の世界』思文閣出版、二〇〇七年)

小泉宜右『悪党』(吉川弘文館、二〇一四年。教育社一九八一年版本復刊)

小林一岳『日本中世の歴史4　元寇と南北朝の動乱』（吉川弘文館、
　二〇〇九年）

鈴木康之『中世瀬戸内の港町・草戸千軒町遺跡』（新泉社、二〇〇七年）

東野治之『貨幣の日本史』（朝日選書、一九九七年）

長岡朋人「ライフヒストリーを基軸とした、中近世日本人骨の生物
　考古学的研究」（文部科学省科学研究費助成事業研究成果報告書、
　二〇二〇年）

西田友広『悪党召し取りの中世』（吉川弘文館、二〇一七年）

似鳥雄一『中世の荘園経営と惣村』（吉川弘文館、二〇一八年）

本郷恵子『蕩尽する中世』（新潮選書、二〇一二年）

松延康隆「銭と貨幣の観念」（『列島の文化史6』日本エディタースク
　ール出版部、一九八九年）

山内晋次『日宋貿易と「硫黄の道」（日本史リブレット）』（山川出版社、
　二〇〇九年）

第八章　南北朝、室町時代的庄園制

伊藤啓介「割符の仕組みと為替・流通・金融」（史林89−3号、二〇〇六年）

伊藤啓介「13・14世紀の流通構造と商業」（日本史研究690号、
　二〇二〇年）

伊藤俊一『室町期荘園制の研究』（塙書房、二〇一〇年）

伊藤俊一「山城国上野荘の水害と再開発」（日本史研究675号、
　二〇一八年）

井原今朝男「室町期の代官請負契約と債務保証―山科家領信州五か荘
　での年貢収取の復活―」（地方史研究協議会編『生活環境の歴史的
　変遷』雄山閣、二〇〇一年）

今泉淑夫『禅僧たちの室町時代』（吉川弘文館、二〇一〇年）

榎原雅治『日本中世地域社会の構造』（校倉書房、二〇〇〇年）

亀田俊和『観応の擾乱』（中公新書、二〇一七年）

川岡勉『室町幕府と守護権力』（吉川弘文館、二〇〇二年）

酒匂由紀子『室町・戦国期の土倉と酒屋』（吉川弘文館、二〇二〇年）

桜井英治『日本の歴史12　室町人の精神』（講談社、二〇〇一年）

佐藤和彦『南北朝内乱史論』（東京大学出版会、一九七九年）

清水亮「南北朝・室町期の『北関東』武士と京都」（江田郁夫、築瀬
　　大輔編『中世の北関東と京都』高志書院、二〇二〇年）

須磨千頴『荘園の在地構造と経営』（吉川弘文館、二〇〇五年）

高橋一樹編『室町期荘園制の研究』（国立歴史民俗博物館研究報告
　　104集、二〇〇三年）

竹田和夫『五山と中世の社会』（同成社、二〇〇七年）

新田英治「室町時代の公家領における代官請負」（宝月圭吾先生還暦
　　記念会編『日本社会経済史研究古代・中世、中世編』吉川弘文館、
　　一九六七年）

新田英治「中世後期、東西両地域間の所領相博に関する一考察」（学
　　習院史学37号、一九九九年）

松永和浩『室町期公武関係と南北朝内乱』（吉川弘文館、二〇一三年）

山田邦明『鎌倉府と関東　中世の政治秩序と在地社会』（校倉書房、
　　一九九五年）

山田邦明『日本中世の歴史5　室町の平和』（吉川弘文館、二〇〇九年）

山田徹「天龍寺領の形成」（ヒストリア207号、二〇〇七年）

山田徹「室町期越中国・備前国の荘郷と領主」（『東寺文書と中世の様
　　相』思文閣出版、二〇一一年）

山田徹「足利将軍家の荘園制的基盤―『御料所』の再検討―」（史学
　　雑誌123–9号、二〇一四年）

吉田賢司「建武政権の御家人制『廃止』」（上横手雅敬編『鎌倉時代の

庄园

権力と制度』思文閣出版、二〇〇八年）

吉田賢司『室町幕府軍制の構造と展開』（吉川弘文館、二〇一〇年）

『亀山市史　考古編』（亀山市、二〇一一年）

第九章　庄园制的动摇与解体

伊藤俊一「14〜15世紀における荘園の農業生産の変動―播磨国矢野
　荘を中心に―」（伊藤啓介、田村憲美、水野章二編『気候変動から
　読みなおす日本史4　気候変動と中世社会』臨川書店、二〇二〇年）

呉座勇一『応仁の乱』（中公新書、二〇一六年）

志賀節子『中世荘園制社会の地域構造』（校倉書房、二〇一七年）

清水克行『大飢饉、室町社会を襲う』（吉川弘文館、二〇〇八年）

高木徳郎『日本中世地域環境史の研究』（校倉書房、二〇〇八年）

西尾和美「室町中期京都における飢饉と民衆―応永28年及び寛正2
　年の飢饉を中心として―」（日本史研究　275号、一九八五年）

平山優『戦国大名と国衆』（角川選書、二〇一八年）

终章　日本的庄园是什么？

大部荘調査委員会編『播磨国大部荘現況調査報告書1〜7』（兵庫県
　小野市教育委員会、一九九一〜一九九八年）

大山喬平編『中世荘園の世界―東寺領丹波国大山荘―』（思文閣出版、
　一九九六年）

大山荘調査団編『丹波国大山荘現況調査報告1〜5』（西紀・丹南町
　教育委員会、一九八五〜一九八九年）